NATUREZA E SOCIEDADE

JOSIANE SANSON
MEIRY MOSTACHIO

MITANGA PALAVRA DE ORIGEM TUPI QUE SIGNIFICA "CRIANÇA" OU "CRIANÇA PEQUENA".

1ª EDIÇÃO
SÃO PAULO, 2020

Dados Internacionais de Catalogação na Publicação (CIP)
(Câmara Brasileira do Livro, SP, Brasil)

Sanson, Josiane
 Mitanga natureza e sociedade : educação infantil 3 / Josiane Sanson, Meiry Mostachio. -- São Paulo : Editora do Brasil, 2020. -- (Mitanga)

 ISBN 978-85-10-08296-9 (aluno)
 ISBN 978-85-10-08297-6 (professor)

 1. Natureza (Educação infantil) 2. Sociedade (Educação infantil) I. Mostachio, Meiry. II. Título. III. Série.

20-42286   CDD-372.21

Índices para catálogo sistemático:

1. Natureza e sociedade : Educação infantil   372.21

Cibele Maria Dias - Bibliotecária - CRB-8/9427

© Editora do Brasil S.A., 2020
Todos os direitos reservados

Direção-geral: Vicente Tortamano Avanso
Direção editorial: Felipe Ramos Poletti
Gerência editorial: Erika Caldin
Supervisão de arte: Andrea Melo
Supervisão de editoração: Abdonildo José de Lima Santos
Supervisão de revisão: Dora Helena Feres
Supervisão de iconografia: Léo Burgos
Supervisão de digital: Ethel Shuña Queiroz
Supervisão de controle de processos editoriais: Roseli Said
Supervisão de direitos autorais: Marilisa Bertolone Mendes

Supervisão editorial: Carla Felix Lopes
Edição: Jamila Nascimento e Monika Kratzer
Assistência editorial: Beatriz Pineiro Villanueva
Auxílio editorial: Marcos Vasconcelos
Especialista em copidesque e revisão: Elaine Silva
Copidesque: Gisélia Costa, Ricardo Liberal e Sylmara Beletti
Revisão: Amanda Cabral, Andreia Andrade, Fernanda Sanchez, Flávia Gonçalves, Gabriel Ornelas, Jonathan Busato, Mariana Paixão, Martin Gonçalves, Míriam dos Santos e Rosani Andreani
Pesquisa iconográfica: Elena Molinari e Rogerio Lima

Assistência de arte: Daniel Campos Souza
Design gráfico: Cris Viana/Estúdio Chaleira
Capa: Obá Editorial
Edição de arte: Paula Coelho
Imagem de capa: Luna Vicente
Ilustrações: Bruna Ishihara, Claudia Marianno, Dayane Cabral Raven, Flip Estúdio, Henrique Brum, Marco Cortez, Marcos Machado e Saulo Nunes Marques
Produção cartográfica: DAE (Departamento de Arte e Editoração)
Editoração eletrônica: NPublic/Formato Editoração
Licenciamentos de textos: Cinthya Utiyama, Jennifer Xavier, Paula Harue Tozaki e Renata Garbellini
Controle de processos editoriais: Bruna Alves, Carlos Nunes, Rita Poliane, Terezinha de Fátima Oliveira e Valéria Alves

1ª edição / 1ª impressão, 2020
Impresso na Ricargraf Gráfica e Editora Ltda.

Rua Conselheiro Nébias, 887
São Paulo, SP – CEP 01203-001
Fone: +55 11 3226-0211
www.editoradobrasil.com.br

CONTEÚDO DIGITAL PARA ALUNOS

Cadastre-se e transforme seus estudos em uma experiência única de aprendizado:

1 Escaneie o QR Code para acessar a página de cadastro.

2 Complete-a com seus dados pessoais e as informações de sua escola.

3 Adicione ao cadastro o código do aluno, que garante a exclusividade de acesso.

3549298A9048387

Agora, acesse:
www.editoradobrasil.com.br/leb
e aprenda de forma inovadora e diferente! :D

Lembre-se de que esse código, pessoal e intransferível, é válido por um ano. Guarde-o com cuidado, pois é a única maneira de você utilizar os conteúdos da plataforma.

Editora do Brasil

APRESENTAÇÃO

A VOCÊ, CRIANÇA!

Preparamos esta nova edição da coleção com muito carinho para você, criança curiosa e que adora fazer novas descobertas! Com ela, você vai investigar, interagir, brincar, aprender, ensinar, escrever, pintar, desenhar e compartilhar experiências e vivências.

Você é nosso personagem principal! Com esta nova coleção, você vai participar de diferentes situações, refletir sobre diversos assuntos, propor soluções, emitir opiniões e, assim, aprender muito mais de um jeito dinâmico e vivo.

Esperamos que as atividades propostas em cada página possibilitem a você muita descoberta e diversão, inventando novos modos de imaginar, criar e brincar, pois acreditamos que a transformação do futuro está em suas mãos.

A boa infância tem hora para começar, mas não para acabar. O que se aprende nela se leva para a vida toda.

As autoras.

CURRÍCULO DAS AUTORAS

JOSIANE MARIA DE SOUZA SANSON

- ▼ Formada em Pedagogia
- ▼ Especialista em Educação Infantil
- ▼ Pós-graduada em Práticas Interdisciplinares na Escola e no Magistério Superior
- ▼ Pós-graduada em Administração Escolar
- ▼ Experiência no magistério desde 1982
- ▼ Professora das redes municipal e particular de ensino
- ▼ Autora de livros didáticos de Educação Infantil

ROSIMEIRY MOSTACHIO

- ▼ Formada em Pedagogia com habilitação em Orientação Escolar
- ▼ Pós-graduada em Psicopedagogia
- ▼ Mestre em Educação
- ▼ Experiência no magistério desde 1983
- ▼ Professora das redes estadual e particular de ensino
- ▼ Ministrante de cursos e palestras para pedagogos e professores
- ▼ Autora de livros didáticos de Educação Infantil e Ensino Fundamental

SUMÁRIO

UNIDADE 1 – VIDA EM MOVIMENTO 6

UNIDADE 2 – NOSSO PLANETA: A TERRA 32

UNIDADE 3 – CRIANÇAS COMO VOCÊ 58

UNIDADE 4 – O TEMPO E AS TRANSFORMAÇÕES 82

UNIDADE 5 – UM LUGAR, MUITOS LUGARES 106

UNIDADE 6 – OUTROS ESPAÇOS 128

DATAS COMEMORATIVAS 149

TAREFAS PARA CASA 153

ENCARTES 177

- Você sabia que os seres vivos estão sempre em movimento?
- Já observou como eles mudam no decorrer da vida?
  Destaque as figuras da página 177 do encarte e cole-as para completar as cenas.
- O que as imagens representam?
- Que seres vivos aparecem nas cenas?
  Converse com os colegas e o professor.

MUDANÇAS NO CORPO

▼ Você sabe por que o corpo das pessoas muda com o tempo?

Como todos os seres vivos, as pessoas nascem, crescem, podem se reproduzir, envelhecem e morrem.

Recorte de jornais e revistas figuras de pessoas de diferentes idades e cole-as acima. Observe as diferenças e converse a respeito com os colegas e o professor.

CORPO EM MOVIMENTO

A FORMIGUINHA

FUI AO MERCADO COMPRAR CAFÉ,
VEIO A FORMIGUINHA E SUBIU NO MEU PÉ
EU SACUDI, SACUDI, SACUDI,
MAS A FORMIGUINHA NÃO PARAVA DE SUBIR.
FUI AO MERCADO COMPRAR BATATA-ROXA,
VEIO A FORMIGUINHA E SUBIU NA MINHA COXA.
EU SACUDI, SACUDI, SACUDI,
MAS A FORMIGUINHA NÃO PARAVA DE SUBIR.
FUI AO MERCADO COMPRAR JERIMUM,
VEIO A FORMIGUINHA E SUBIU NO MEU BUMBUM.
EU SACUDI, SACUDI, SACUDI,
MAS A FORMIGUINHA NÃO PARAVA DE SUBIR.
FUI AO MERCADO COMPRAR MAMÃO,
E A FORMIGUINHA SUBIU NA MINHA MÃO.
EU SACUDI, SACUDI, SACUDI,
MAS A FORMIGUINHA NÃO PARAVA DE SUBIR.

CANTIGA.

DAYANE CABRAL RAVEN

SE LIGUE NA REDE

Que tal aprender mais sobre as partes do corpo e se divertir imitando o movimento dos animais? Acesse o *link* a seguir, cante e dance com os colegas e o professor.

▼ https://tvcultura.com.br/videos/39762_sacudir-o-esqueleto-as-diferentes-partes-do-corpo-18-11-13.html (acesso em: 27 abr. 2020).

▼ Você gosta de movimentar o corpo? Cante a cantiga e faça gestos para dramatizá-la. Depois, pinte as partes do corpo mencionadas.

AS PARTES DO CORPO

HENRIQUE BRUM

▼ Você conhece bem as diferentes partes do seu corpo?
 Diga os nomes das partes do corpo para que o professor os registre na lousa. Em seguida, complete a imagem desenhando as partes que faltam no corpo da criança.
▼ Que partes você desenhou?

OS SENTIDOS

OLFATO   TATO   AUDIÇÃO   VISÃO   GUSTAÇÃO

M	Y	A	U	D	I	Ç	Ã	O	J
F	J	R	T	C	M	V	N	U	Y
W	T	A	T	O	D	U	C	L	T
O	F	I	Z	V	X	H	E	C	V
T	H	N	M	K	V	R	W	S	Z
Q	D	G	U	S	T	A	Ç	Ã	O
K	B	Z	V	I	E	Q	H	S	U
V	I	S	Ã	O	J	R	P	C	A
P	N	E	W	A	Z	K	R	X	L
Q	D	T	U	O	L	F	A	T	O

▼ Você se lembra quais são os cinco sentidos?
▼ Por que eles são importantes?

Observe as imagens e identifique cada sentido representado. Depois, encontre e pinte no diagrama os nomes dos sentidos.

▼ Que órgãos do corpo são responsáveis pelos sentidos?

Fale para os colegas e o professor.

O QUE SINTO?

SINTO O QUE SINTO COM CINCO SENTIDOS

SINTO O VENTO NO ROSTO
E GOSTO.
GOSTO DO GOSTO DO DOCE DE BATATA-DOCE.
DE OUVIR PASSARINHO CANTAR. [...]

ELLEN PESTILI. **SINTO O QUE SINTO COM CINCO SENTIDOS**. SÃO PAULO: EDITORA DO BRASIL, 2013. P. 4, 7 E 8.

 SENTIR O GOSTO.

 SENTIR A TEXTURA.

 OUVIR.

 VER.

 CHEIRAR.

ILUSTRAÇÕES: HENRIQUE BRUM

 OLHOS.

 ORELHAS.

 LÍNGUA.

 PELE.

 NARIZ.

Ouça a leitura do professor.
▼ Que sentidos são mencionados no texto?
Os órgãos do corpo nos possibilitam cheirar, ver, ouvir e sentir o sabor dos alimentos e a textura dos objetos.
Observe as imagens e ligue as ações aos órgãos dos sentidos.
▼ O que você gosta de sentir com os cinco sentidos?

ALIMENTAÇÃO SAUDÁVEL

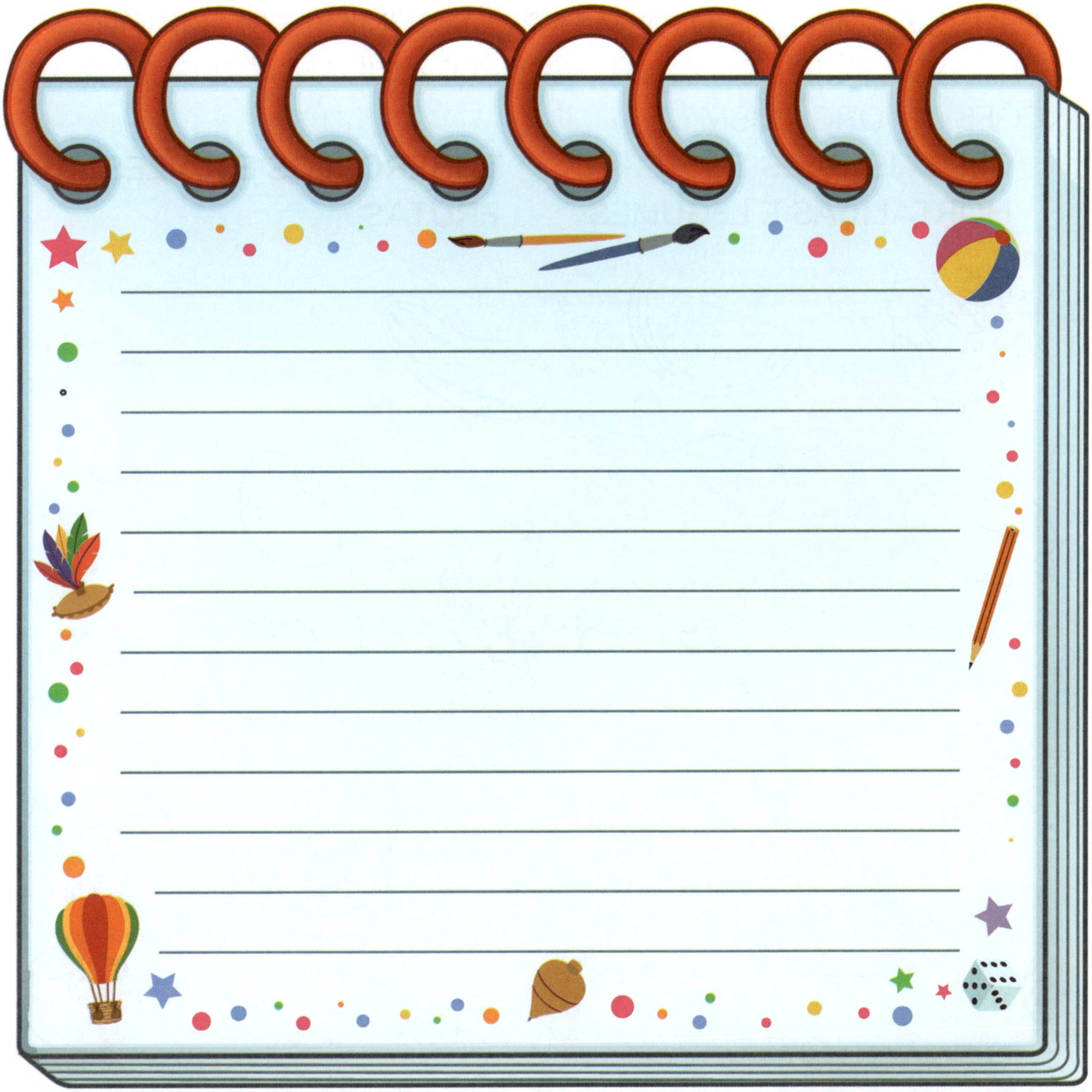

- ▼ Como você se alimenta?
- ▼ Quais alimentos costuma comer com frequência?

Diga em voz alta o nome dos alimentos que você mais consome para que o professor os registre na lousa. Depois, copie no bloco de notas apenas o nome dos alimentos saudáveis.

- ▼ Você acha que sua alimentação está correta?

ALIMENTOS QUE NOS DÃO ENERGIA

ALGUNS ALIMENTOS DEVEM SER CONSUMIDOS EM MAIOR QUANTIDADE, POIS NOS DÃO ENERGIA E AJUDAM A REGULAR AS FUNÇÕES DO ORGANISMO.

CEREAIS, PÃES E MASSAS **TUBÉRCULOS E RAÍZES**
HORTALIÇAS E LEGUMES **FRUTAS**

ILUSTRAÇÕES: HENRIQUE BRUM

▼ Você sabe quais alimentos devem ser consumidos em um dia para termos uma alimentação saudável?

Observe as imagens e pinte os alimentos de acordo com a legenda.

PARA CRESCER FORTE E SAUDÁVEL

ALGUNS ALIMENTOS FORTALECEM OS MÚSCULOS, OS OSSOS E OS ÓRGÃOS DO CORPO.

_____   _____

_____   _____

_____   _____

▼ Você sabe quais alimentos nos ajudam a crescer fortes e saudáveis?

Alguns alimentos são importantes para a formação e manutenção dos órgãos do corpo, contribuindo assim para o crescimento. Eles devem ser consumidos moderadamente, de uma a três porções por dia.

Observe as imagens e escreva como souber o nome desses alimentos.

NEM TODOS OS ALIMENTOS SÃO SAUDÁVEIS

MANTEIGA   BACON   SALAME   AÇÚCAR
DOCES   SAL   REFRIGERANTES

▼ Você sabia que existem alimentos que não são saudáveis?

Esses alimentos são ricos em gordura e açúcar e não contribuem para a saúde. Por esse motivo, devemos evitá-los ou comê-los somente de vez em quando.

Procure em revistas e jornais imagens dos alimentos citados acima e cole-as no quadro.

PIRÂMIDE ALIMENTAR

A PIRÂMIDE ALIMENTAR ILUSTRA A QUANTIDADE DE CADA TIPO DE ALIMENTO QUE DEVEMOS CONSUMIR EM UM DIA.

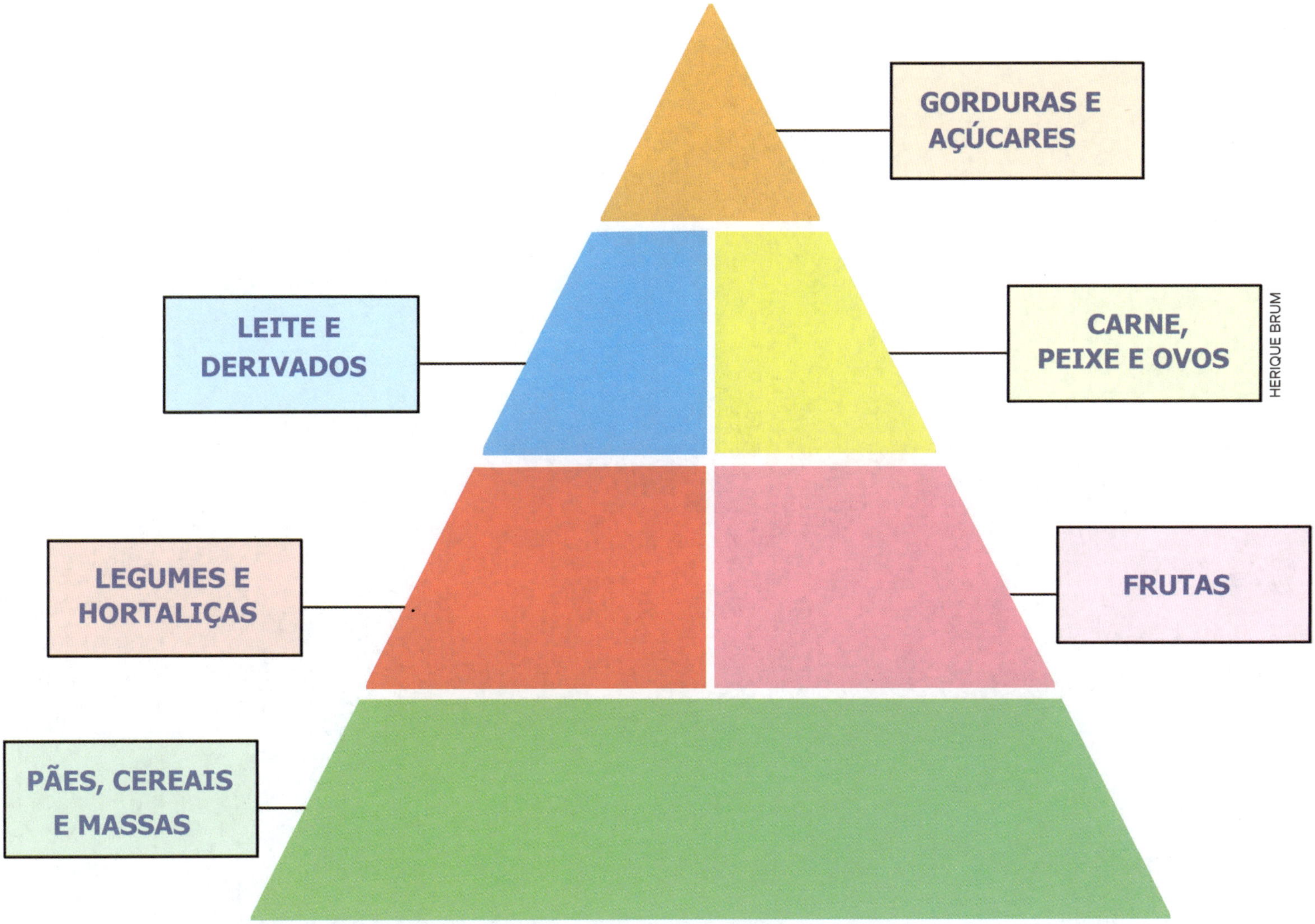

- GORDURAS E AÇÚCARES
- CARNE, PEIXE E OVOS
- LEITE E DERIVADOS
- FRUTAS
- LEGUMES E HORTALIÇAS
- PÃES, CEREAIS E MASSAS

HERIQUE BRUM

▼ Você sabe o que é uma pirâmide alimentar?

Para manter a saúde e ter energia ao longo do dia, precisamos de uma alimentação equilibrada.

Destaque as figuras da página 183 do encarte e cole os alimentos de acordo com os grupos alimentares para completar a pirâmide.

TAREFA PARA CASA 1

CUIDADOS COM O CORPO

▼ Além de uma boa alimentação, que outros cuidados devemos ter com o corpo?
   Pinte a figura que está no fundo do mosaico e descubra um deles. Depois, escreva da maneira que souber uma frase para apresentar esse cuidado.

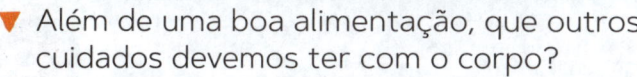

PARA UM CORPO SAUDÁVEL: HIGIENE E SAÚDE

 HIGIENE   SAÚDE

▼ Quais cuidados devemos ter com o corpo?

Observe as imagens e circule-as de acordo com a legenda. Depois, converse com os colegas e o professor sobre essas ações.

QUEM É ELA?

EU SOU UMA LAGARTIXA!

OI. EU SOU UMA LAGARTIXA.
SOU MUITO RÁPIDA.
CORRO DE UM CANTO
PARA O OUTRO.
QUANDO PERCO MEU RABO,
NASCE UM NOVO.
GOSTO DE COMER
MOSQUITOS. [...]

ALEXANDRE DE CASTRO GOMES. **EU SOU UMA LAGARTIXA**. SÃO PAULO: EDITORA DO BRASIL, 2017. P. 4, 6, 7 E 9.

▼ Você já viu uma lagartixa?
▼ Será que ela é um ser vivo?
  Ouça a leitura do texto e descubra. Escolha outro animal e desenhe-o para mostrar as características dele. Depois, escreva o nome como souber.

O MOVIMENTO DAS AVES

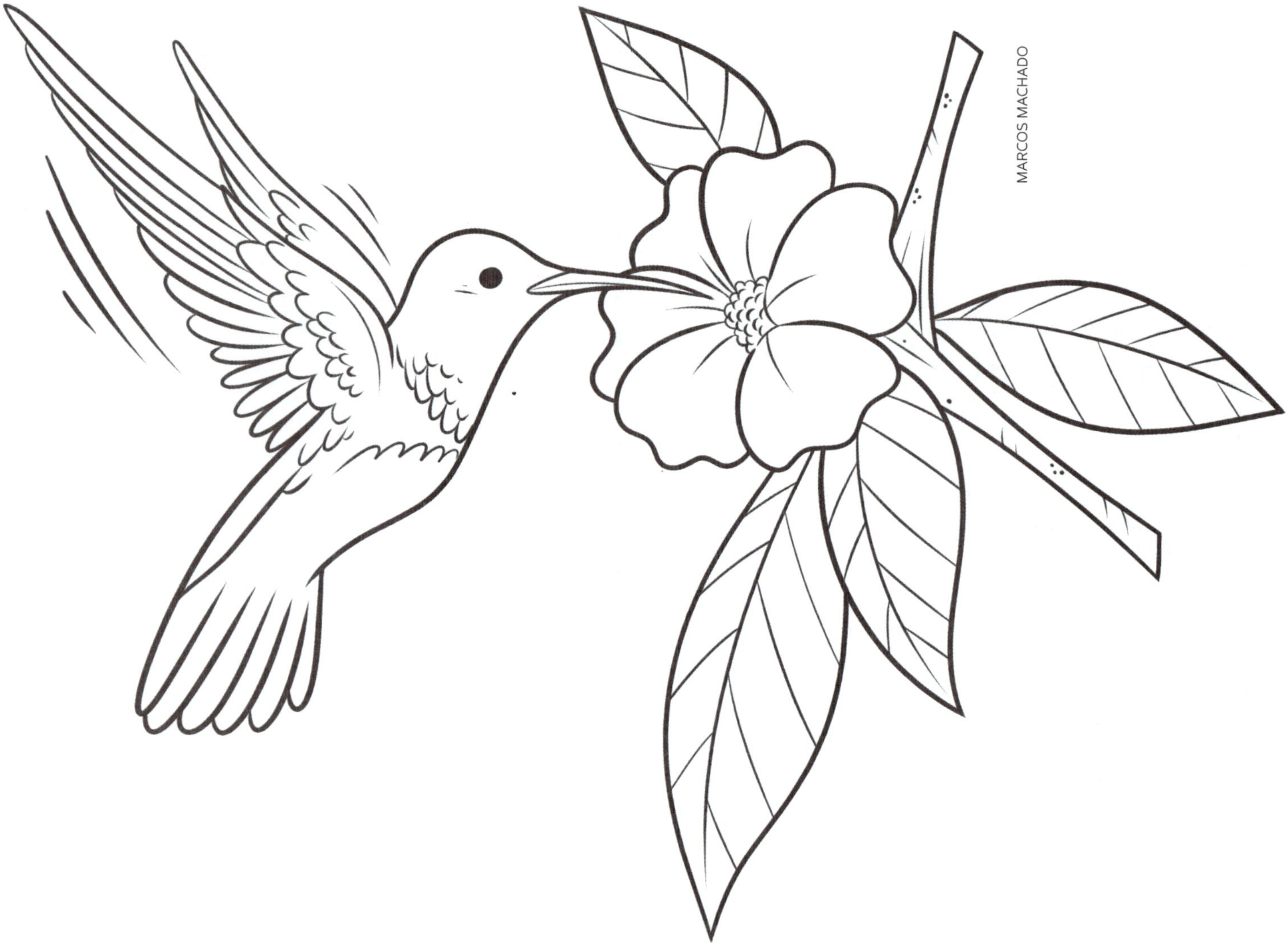

MARCOS MACHADO

- ▼ Você sabe como as aves se movimentam?
  Observe a imagem e pinte-a.
- ▼ Que ave é essa?
  Escreva o nome dela como souber.
- ▼ Que parte do corpo as aves usam para voar?
- ▼ De que é coberto o corpo das aves?

O QUE AS AVES FAZEM?

▼ Você sabe o que as aves costumam fazer? Observe as imagens e escreva o que elas estão fazendo.

CONHECENDO AS AVES

D	Z	C	T	K	K	B	U	O	C
T	G	U	O	U	Q	K	R	N	E
L	F	A	S	A	S	K	T	X	G
W	L	N	U	A	M	Y	Z	N	Y
F	D	N	E	G	W	B	V	S	A
S	Q	L	O	P	A	T	A	S	R
J	A	O	N	Y	I	P	L	G	F
P	E	N	A	S	B	L	L	W	W
Z	N	J	C	T	C	G	L	Y	J
H	M	G	B	I	C	O	Z	T	B

Existem várias espécies de aves. Observe as imagens de três aves e diga o que elas têm em comum.

▼ Como se chamam as partes do corpo das aves?

Encontre o nome dessas partes no diagrama de palavras e pinte--os. Depois, escreva no caderno o que as aves conseguem fazer.

▼ Será que todas as aves conseguem voar?
▼ Quais aves conseguem nadar?

OUTROS ANIMAIS

ERIC ISSELEE/SHUTTERSTOCK.COM

KLETR/SHUTTERSTOCK.COM

MARIA SPB/SHUTTERSTOCK.COM

MIROSLAV HALAMA/SHUTTERSTOCK.COM

DAN KOSMAYER/SHUTTERSTOCK.COM

ALEXEY SEAFARER/SHUTTERSTOCK.COM

JAROSLAVA V/SHUTTERSTOCK.COM

ZHENGZAISHURU/SHUTTERSTOCK.COM

▼ Você conhece esses animais?
▼ O que sabe sobre eles?

Observe as imagens e escreva o nome dos animais. Depois, converse com os colegas e fale o que você sabe deles.

Circule os animais cujo corpo é coberto de pelos.

COMO ELES SÃO?

MAMÍFEROS
TÊM O CORPO COBERTO DE PELOS, QUATRO PATAS, NASCEM DA BARRIGA DA MÃE E MAMAM QUANDO FILHOTES.

PEIXES
TÊM O CORPO COBERTO DE ESCAMAS, NADADEIRAS, VIVEM NA ÁGUA E NASCEM DE OVOS.

RÉPTEIS
TÊM O CORPO COBERTO POR ESCAMAS OU CASCO DURO, TÊM PATAS CURTAS OU NÃO TÊM PATAS, RASTEJAM E NASCEM DE OVOS.

▼ Você consegue identificar esses animais? Ouça a leitura do professor e pinte apenas aqueles com as características indicadas.
▼ Que animais você pintou em cada grupo?

SERÁ QUE ELES NOS AJUDAM?

▼ Você sabe como alguns animais podem ajudar os seres humanos?
Observe as cenas e escreva a utilidade de cada um.
▼ Você conhece outras formas como os animais podem nos ajudar?
Converse com os colegas e professor.

AS PLANTAS MUDAM COM O TEMPO

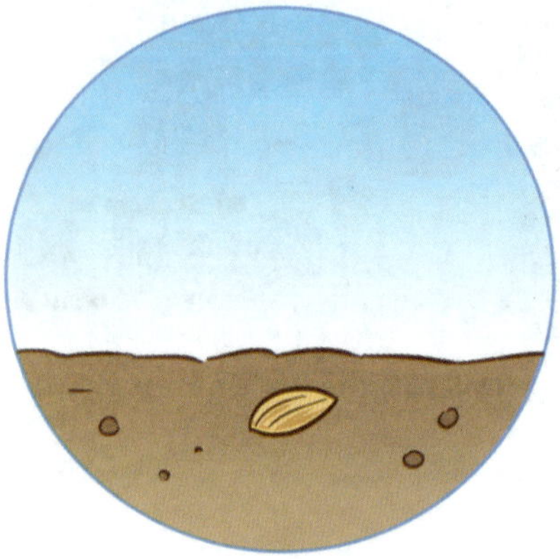

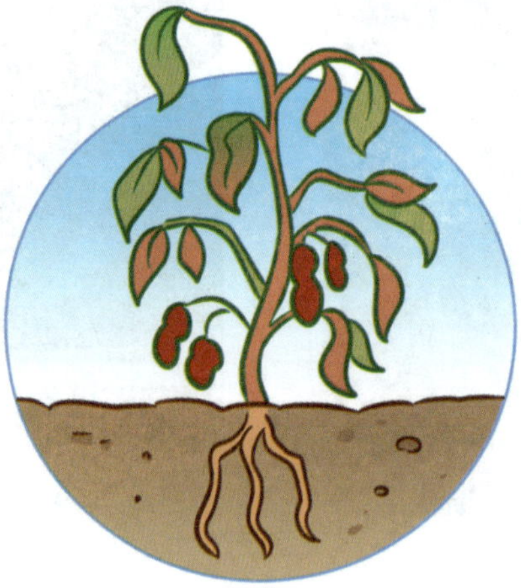

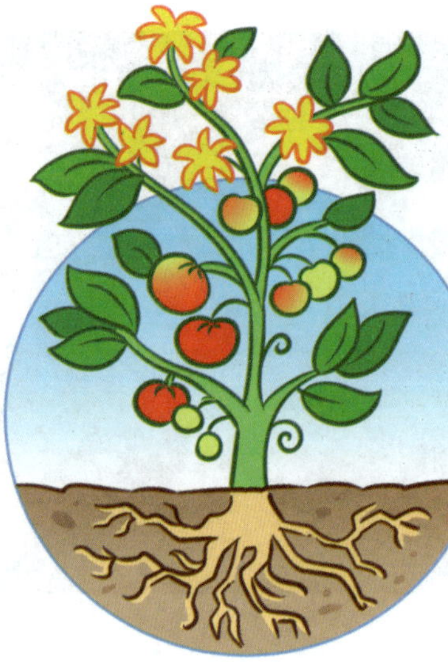

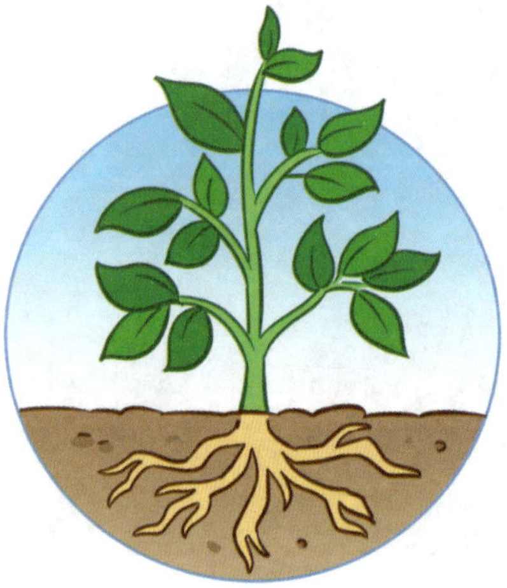

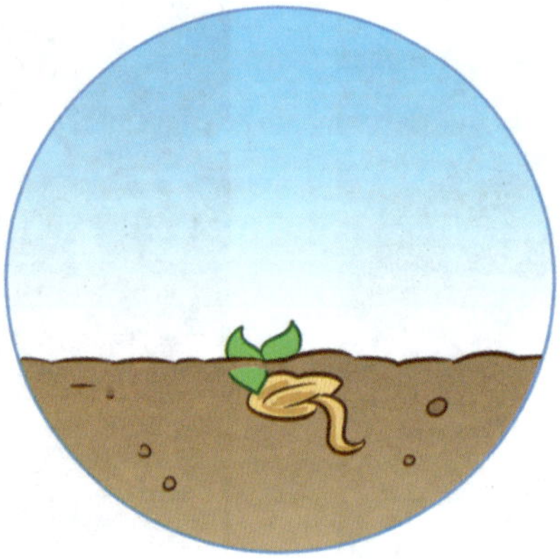

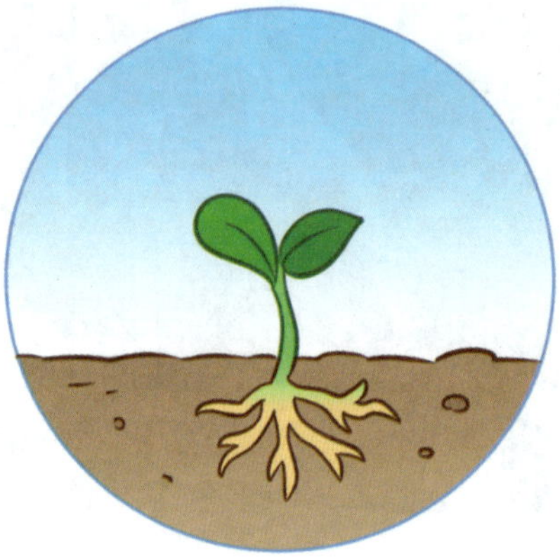

- ▼ Você sabia que as plantas mudam com o tempo?
- ▼ Quais são as etapas do ciclo de vida das plantas? Observe as imagens e numere essas etapas.
- ▼ Você sabe do que uma planta precisa para viver? Conte para os colegas e o professor.

▶ O QUE A PLANTA TEM?

TUCUMÃ

COM TUCUMÃ PEÇO
QUE O VERSO CAPRICHE,
PORQUE DÁ RECHEIO
PARA O SANDUÍCHE.

TAMBÉM É NASCIDO
DE UMA PALMEIRA
QUE LÁ NA AMAZÔNIA
SE EXIBE FACEIRA.

NÃO É PELO TRONCO
QUE É CHEIO DE ESPINHO,
MAS O QUE ENCANTA
É A COR DO COQUINHO.

LARANJA CORAL,
PARECE UMA FESTA
QUE DÁ BRILHO AO VERDE
DE TODA FLORESTA.

DA FRUTA EU FAÇO,
O LICOR E O VINHO
E AINDA DE SOBRA
EU COMO O COQUINHO.

DELE EU JÁ PROVEI
E VIREI SEU FÃ,
QUEM NUNCA COMEU
COMA O TUCUMÃ!

DAYANE CABRAL RAVEN

CÉSAR OBEID. **CORES DA AMAZÔNIA: FRUTAS E BICHOS DA FLORESTA.**
SÃO PAULO: EDITORA DO BRASIL, 2015. P. 10.

▼ Você já ouviu falar de uma planta chamada tucumã?
Ouça a leitura do poema e descubra como ela é. Depois, circule no texto o nome de algumas partes das plantas citadas.
▼ Quais são as outras partes de uma planta?
Pinte a árvore de tucumã.

QUAIS SÃO AS PARTES DA PLANTA?

1. FICA EMBAIXO DA TERRA E ALIMENTA A PLANTA COM SAIS MINERAIS E ÁGUA.

2. SUSTENTA AS FOLHAS, OS GALHOS, AS FLORES E OS FRUTOS.

3. É RESPONSÁVEL PELA RESPIRAÇÃO DA PLANTA.

4. FORMA O FRUTO.

5. PROTEGE A SEMENTE.

ILUSTRAÇÕES: HENRIQUE BRUM

▼ Você sabe quais são as partes de uma planta? Ouça a descrição das partes da planta e pinte a resposta correta.

TAREFA PARA CASA 2

COMO UTILIZAR AS PLANTAS?

PERFUME

CHÁ

XAROPE

▼ Você sabia que as plantas têm diferentes usos?
Pesquise com o professor e os colegas uma planta para cada utilidade. Depois, desenhe-as nos quadros.

UNIDADE 2
NOSSO PLANETA: A TERRA

Este é o planeta em que vivemos, a Terra.

- O que há em nosso planeta?
- Que seres vivos habitam o planeta?
- O que mais existe na Terra? Destaque as figuras da página 179 do encarte e cole-as ao redor do planeta.
- O que elas representam?

SERES VIVOS NO PLANETA TERRA

OS SERES VIVOS NASCEM, CRESCEM, PODEM SE REPRODUZIR, ENVELHECEM E MORREM.

_____

_____

_____

_____

▼ O que sabemos sobre os seres vivos que habitam nosso planeta?
Leia a frase e represente cada etapa do ciclo de vida dos seres vivos com desenhos.
▼ De que eles precisam para viver?
Escreva nas linhas acima.

O SOL É UMA ESTRELA

▼ Como os seres vivos se aquecem?

O Sol é muito importante para a vida. Sem sua luz e seu calor, não haveria vida na Terra.

▼ Como você vê o Sol?

Desenhe-o utilizando tinta e pincel.

O QUE NOS RODEIA?

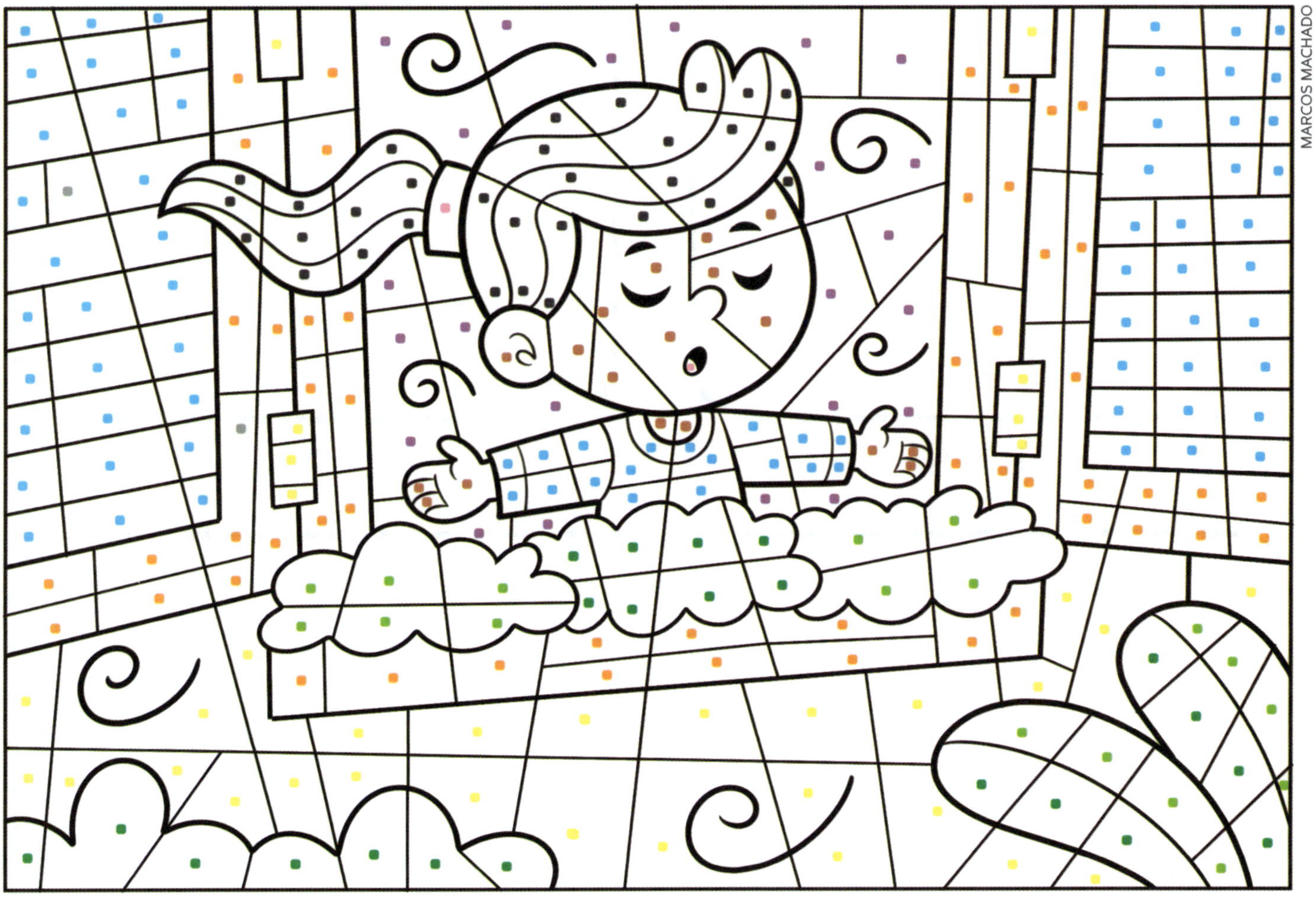

| ★ | O | ★ | A | R | ★ | Q | U | E | ★ | R | E | S | P | I | R | A | M | O | S |

▼ Que outro elemento da natureza é muito importante para a vida?

Pinte os espaços com pontinhos nas cores indicadas. Depois, copie as letras do diagrama e forme uma frase.

▼ O que você descobriu?

DESCOBRINDO O AR

ANTES

DEPOIS

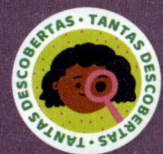

- Você sabia que é possível comprovar a existência do ar por meio de alguns objetos?

  Encha o balão que o professor irá distribuir. Depois, desenhe nos quadros como era o balão antes e como ele ficou depois de cheio.

- Você conhece outro objeto que mostra a existência do ar?

  Desenhe-o no quadro maior e escreva como souber o nome dele.

TANTAS DESCOBERTAS · TANTAS DESCOBERTAS

OS ELEMENTOS NÃO VIVOS

- ▼ Você sabe o que são elementos não vivos?
- ▼ Por que eles são chamados assim?

A Terra também é composta de elementos não vivos: a água, o solo, as pedras etc.

Recorte de jornais e revistas imagens de elementos não vivos e cole-os na página.

- ▼ Que elementos você colou?

TAREFA PARA CASA 3

ONDE ESTÁ A ÁGUA?

▼ Você sabe onde encontramos a água?
▼ Será que ela está apenas na natureza?

Observe as imagens e escreva onde podemos encontrar a água.

UTILIDADES DA ÁGUA

COZINHAR.

HIDRATAR O CORPO.

LAVAR AS ROUPAS.

IRRIGAR PLANTAÇÕES.

▼ Por que a água é importante para os seres vivos?
▼ Como a utilizamos no dia a dia?
   Observe as imagens e ligue-as às frases correspondentes.

SEGREDOS DA TERRA

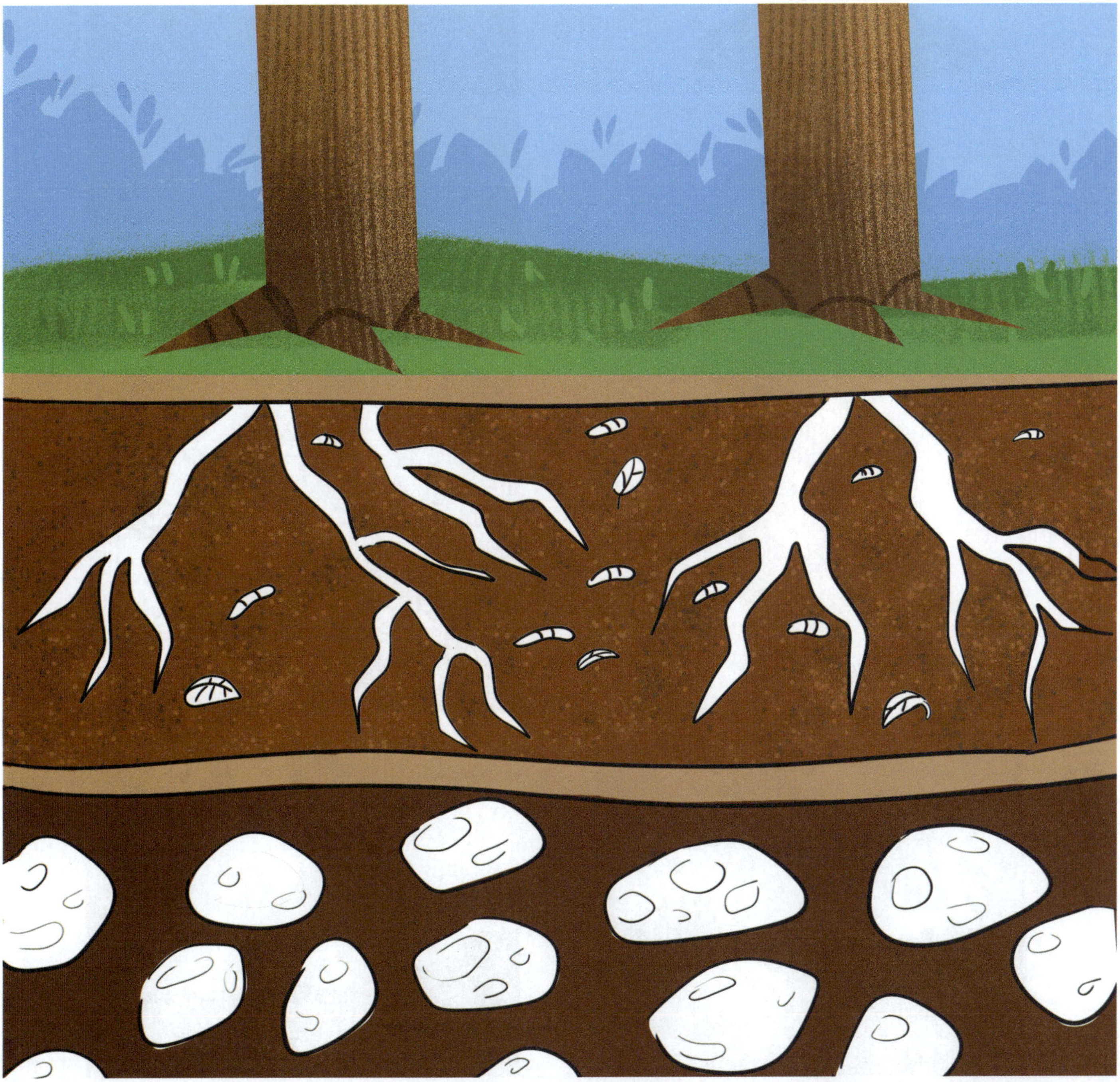

- ▼ Para que serve o solo?
- ▼ Você sabe quais são os elementos que compõem o solo?

Converse com os colegas e o professor. Depois, pinte os elementos que formam o solo.

MUDANÇAS NO TEMPO

▼ Como percebemos as mudanças no tempo? Uma das maneiras é observando o céu.

Sentimos essas mudanças por meio da temperatura e pela ocorrência de chuva e vento.

Observe as imagens e circule a que combina com a vestimenta do senhor Osvaldo.

UM DIA DE SOL

▼ Você sabia que o Sol é muito importante para a vida?

Sem a luz do Sol não poderíamos ver as cores, a forma e o tamanho das coisas.

Faça um desenho mostrando o que podemos ver com a luz do Sol.

O ESCURO DA NOITE

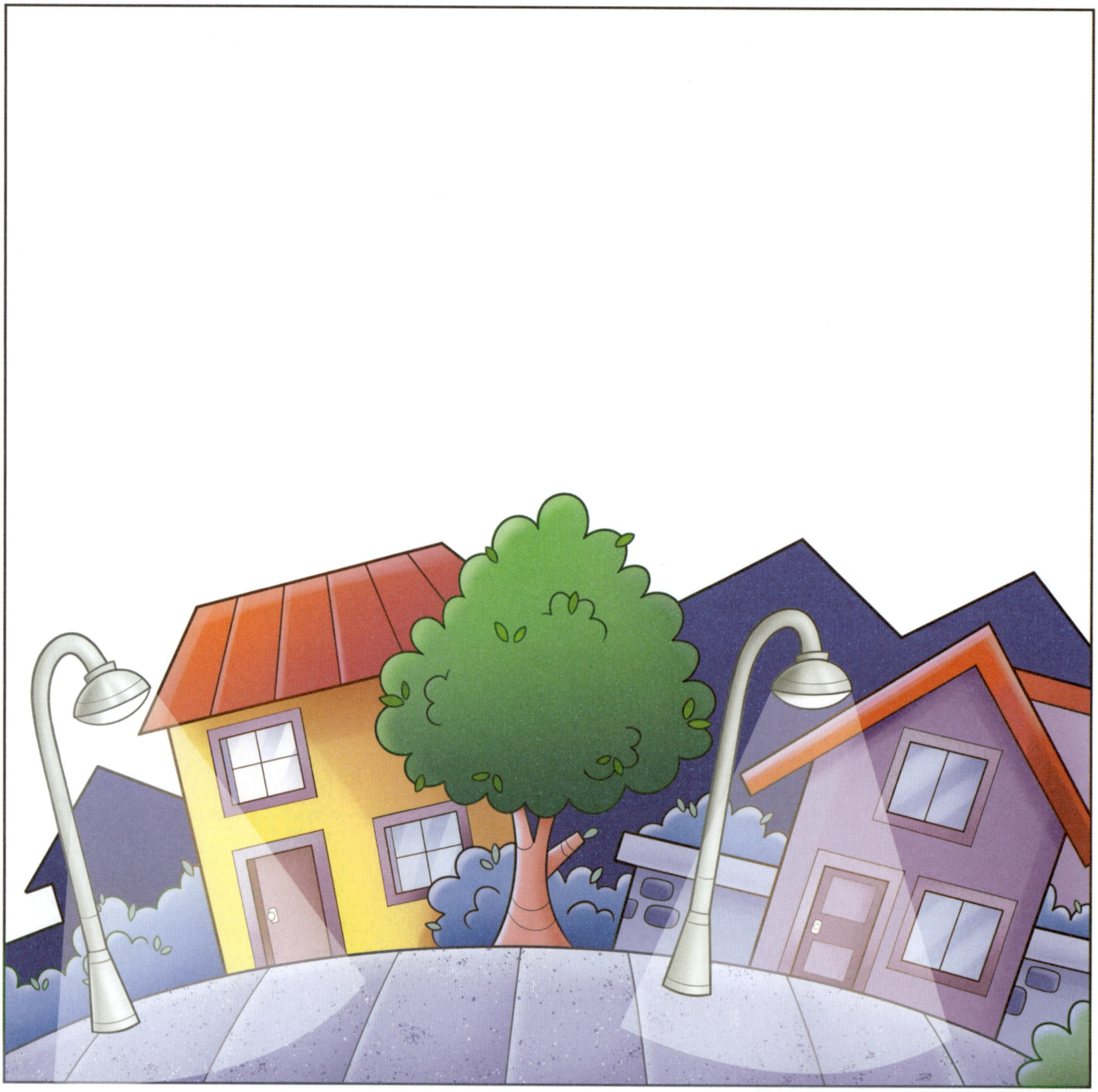

- O que acontece à noite?
- O que vemos no céu quando anoitece?
  Observe a imagem e desenhe o que aparece no céu à noite.
- Você acha que o período noturno é importante? Por quê? Converse com os colegas e o professor a respeito.

▶ HÁBITOS NOTURNOS

AS CORUJAS SAEM À NOITE PARA CAÇAR.

OS VAGA-LUMES BRILHAM DURANTE A NOITE PARA ATRAIR PARCEIROS.

E AS PESSOAS, O QUE FAZEM À NOITE?

▼ O que os seres vivos fazem durante a noite?
Observe as imagens, ouça a leitura do professor e conheça hábitos noturnos de alguns animais. Depois, desenhe um hábito noturno das pessoas.

O QUE HÁ NO MEIO AMBIENTE?

▼ Você sabe o que há no meio ambiente? Lembre-se de tudo o que viu até agora e diga os elementos do ambiente para que o professor registre-os na lousa. Depois, faça um desenho representando o meio ambiente.

O QUE TRANSFORMAMOS

| FERRO | OURO | MÁRMORE | ARGILA |

_____   _____

_____   _____

▼ Você sabia que **elementos não vivos** da natureza podem ser transformados?

Alguns elementos não vivos, como os minerais, podem ser transformados pelo ser humano em objetos usados no dia a dia.

Observe as imagens e descubra qual elemento não vivo foi usado na produção de cada objeto. Copie dos quadros o nome dos elementos.

NOSSAS ÁRVORES

▼ O que as pessoas fazem com as árvores?

O ser humano produz objetos com materiais extraídos da natureza.

Recorte de revistas e jornais imagens de objetos produzidos com madeira e cole-os na página.

PROTEGENDO A NATUREZA

▼ Você sabe o que é desmatamento?

A madeira é utilizada na fabricação de diversos produtos. Para isso, muitas árvores são derrubadas causando destruição de florestas.

Observe as imagens e circule as ações que contribuem para a preservação das florestas.

ANIMAIS EM RISCO DE EXTINÇÃO

MICO-LEÃO-DOURADO.

BICHO-PREGUIÇA.

ILUSTRAÇÕES: MARCOS MACHADO

TATU-BOLA.

PEIXE-BOI.

LOBO-GUARÁ.

JACARÉ-DO-PAPO-AMARELO.

_____

_____

▼ Você sabe o que significa animais em risco de extinção?

São os animais que estão desaparecendo da natureza, por isso dizemos que correm risco de extinção.

Pinte os animais. Depois, converse com os colegas e o professor e escreva nas linhas o que põe em risco a vida deles.

▼ O que podemos fazer para evitar a extinção desses animais?

POLUIÇÃO FAZ MAL À SAÚDE

▼ Você acha que o ser humano modifica a natureza? Por quê?

Os hábitos e costumes dos seres humanos modificam o local em que vivem. Alguns hábitos poluem a natureza.

Observe as imagens e marque um **X** nas cenas que mostram a poluição do ambiente.

RESPEITO À NATUREZA

▼ Você sabe como podemos cuidar da natureza?
▼ Que atitudes contribuem para a conservação do meio ambiente?

Observe as cenas e escreva as ações representadas.

Depois, pense em mais uma ação positiva para o meio ambiente e converse com seus colegas e seu professor.

TAREFA PARA CASA 4

NOSSA ÁGUA, NOSSO BEM

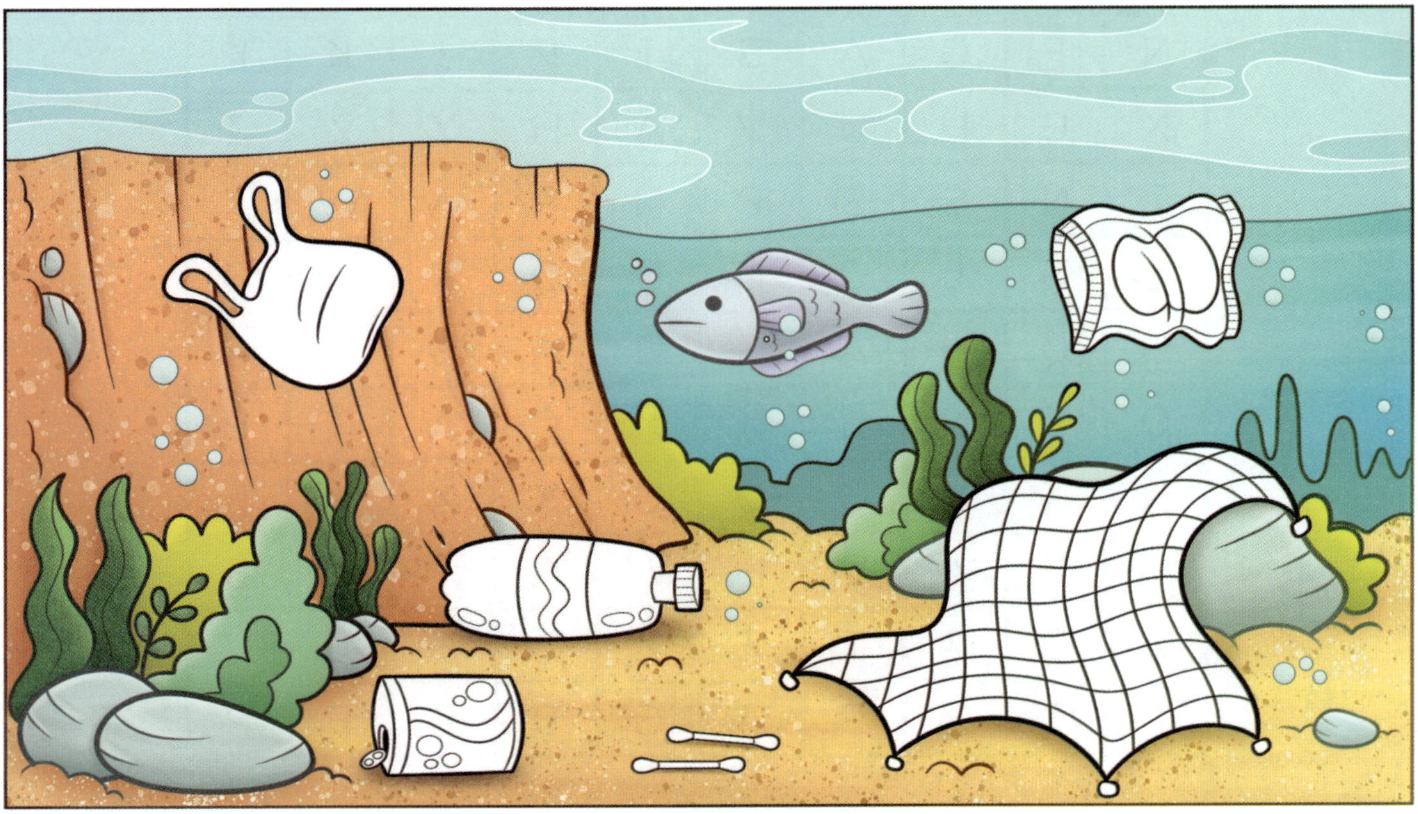

_____
_____
_____
_____

▼ Será que estamos cuidando bem dos rios e mares?
▼ O que acontece quando não descartamos o lixo corretamente?

Observe a imagem e pinte o lixo. Depois, com os colegas e o professor, escreva uma frase para alertar sobre a importância da água.

CUIDAR PARA USAR

| ÁGUA | CHUVA | RIOS | LIMPA |

N	F	O	A	S	I	P	J	K	L
X	C	H	U	V	A	H	Y	Z	Z
Z	N	S	S	P	N	R	W	W	X
J	N	L	Q	D	U	O	R	M	O
H	Q	H	Á	G	U	A	S	X	G
O	Z	N	E	X	X	C	W	T	E
K	X	N	Q	Q	O	X	X	J	F
M	E	W	V	H	W	R	I	O	S
F	Q	Z	T	E	Z	W	B	E	V
L	I	M	P	A	G	B	K	P	P

1. NÃO DESPERDIÇAR _____.

2. CUIDAR DOS _____.

3. REAPROVEITAR A ÁGUA DA _____.

4. MANTER A ÁGUA _____.

▼ Que cuidados devemos ter com a água?
▼ O que devemos fazer para não ficarmos sem água?
   Encontre as palavras destacadas no diagrama. Depois, leia as frases e complete-as com as palavras que você encontrou.

56

SER CIDADÃO

ATITUDES QUE FAZEM A DIFERENÇA

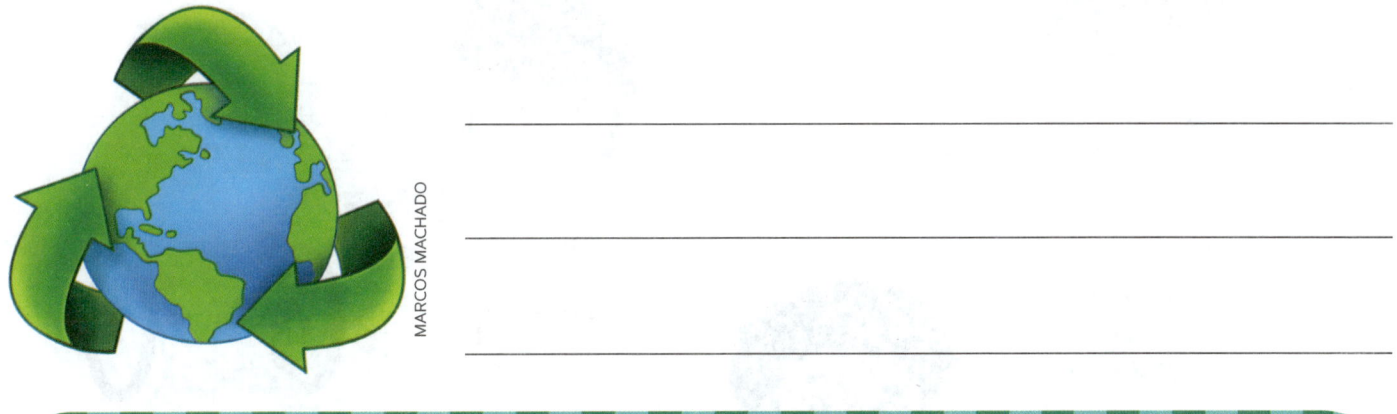

MARCOS MACHADO

▼ Você conhece esse símbolo?

Pesquise e escreva o que ele representa. Depois, no quadro, desenhe alguns materiais que podem ser reciclados.

▼ Por que a reciclagem é importante para o planeta?

UNIDADE 3
CRIANÇAS COMO VOCÊ

MATEUS

HENRIQUE

BÁRBARA

MARIA

RAUL

ANA JÚLIA

MIGUEL

- As crianças são todas iguais? O que você imagina que elas estão fazendo?
- Que características nos fazem diferentes uns dos outros? Leia o nome das crianças e observe as características delas. Depois, desenhe a si mesmo e escreva seu nome.
- Você se parece com alguma das crianças da ilustração? Descreva aos colegas e ao professor como você é.

SOU CIDADÃO! TENHO UM NOME!

EU TENHO UM NOME.
E QUEM NÃO TEM?
SEM DOCUMENTO,
EU NÃO SOU NINGUÉM.
EU SOU MARIA, EU SOU JOÃO!
COM CERTIDÃO DE NASCIMENTO,
SOU CIDADÃO!

UNICEF. **A IMPORTÂNCIA DO REGISTRO CIVIL DE NASCIMENTO**. [S. L.: S. N.], 2008. PUBLICADO PELO CANAL BRAZIL NATION. DISPONÍVEL EM: WWW.YOUTUBE.COM/WATCH?V=V1SEUHM-3AM. ACESSO EM: 11 MAIO 2020.

SE LIGUE NA REDE

Para entender a importância do nome e da Certidão de Nascimento e saber como obtê-la, acesse o vídeo do Unicef no *link* a seguir (acesso em: 8 maio 2020).

▼ www.youtube.com/watch?v=V1sEUHm-3AM

DECLARAÇÃO UNIVERSAL DOS DIREITOS DA CRIANÇA – PRINCÍPIO 3º

DESDE O NASCIMENTO, TODA CRIANÇA TERÁ DIREITO A UM NOME E A UMA NACIONALIDADE.

ONU. DECLARAÇÃO UNIVERSAL DOS DIREITOS DA CRIANÇA. IN: **MINISTÉRIO PÚBLICO DO PARANÁ.** CURITIBA: MINISTÉRIO PÚBLICO DO PARANÁ, [20--]. DISPONÍVEL EM: WWW.CRIANCA.MPPR.MP.BR/PAGINA-1069.HTML. ACESSO EM: 8 MAIO 2020.

▼ Você já viu uma Certidão de Nascimento?
▼ Para que ela serve?
   Ouça a leitura do professor e descubra qual é o assunto dos textos. Depois, escreva seu nome no quadro.
▼ O que você sabe sobre a escolha do seu nome?
▼ Quem o escolheu?

NOME E SOBRENOME

ALÉM DO NOME, TODAS AS PESSOAS TÊM UM OU MAIS SOBRENOMES. NORMALMENTE, O SOBRENOME INDICA A FAMÍLIA DA QUAL A PESSOA FAZ PARTE.

OI! MEU NOME É BIANCA DOS SANTOS GARCIA.

OLÁ! MEU NOME É EDUARDO MORAES.

MARCOS MACHADO

▼ Na sua família, todos têm o mesmo sobrenome?
   Com a ajuda do professor, leia os balões e circule o sobrenome das crianças. Depois, escreva seu nome e sobrenome no quadro.
▼ Você sabe a origem de seu sobrenome?

TAREFA PARA CASA 5

MINHA HISTÓRIA REGISTRADA

REPÚBLICA FEDERATIVA DO BRASIL
REGISTRO CIVIL DAS PESSOAS NATURAIS

CERTIDÃO DE NASCIMENTO

NOME:
Élio de Oliveira Brandão Notti

MATRÍCULA:
085407 01 55 1911 1 00010 044 0000107 84

DATA DE NASCIMENTO (POR EXTENSO): Quinze de setembro de dois mil e dezessete
DIA: 15 | MÊS: 09 | ANO: 2017

HORA DE NASCIMENTO: 09h 40 min
MUNICÍPIO DE NASCIMENTO E UNIDADE DA FEDERAÇÃO: São Paulo - SP

MUNICÍPIO DE REGISTRO E UNIDADE DA FEDERAÇÃO: São Paulo - SP
LOCAL DE NASCIMENTO: Matern. São Luiz
SEXO: Masculino

FILIAÇÃO
PAI: Claudio de Oliveira Notti
MÃE: Ana Luiza Alcantara

AVÓS
AVÔ PATERNO: Jose Carlos Oliveira Notti **
AVÔ MATERNO: Luis Carlos Alcantara **
AVÓ PATERNA: Sandra Matiz Notti **
AVÓ MATERNA: Laura Mendes Alcantara **

GÊMEOS: Não
NOME E MATRÍCULA DO(S) GÊMEO(S): ----------- **

DECLARANTE:

DATA DO REGISTRO (POR EXTENSO): Quinze de setembro de dois mil e treze
NÚMERO DA DNV (DECLARAÇÃO DE NASCIDO VIVO): -----------

OBSERVAÇÕES / AVERBAÇÕES:
O pai natural de São Paulo - SP e a mãe natural do Ipiranga - São Paulo - SP ambos residentes nesta cidade.

NOME DO OFÍCIO: Ofício de Registro de Títulos e Documentos
O conteúdo da certidão é verdadeiro. Dou fé.
Data e Local:
OFICIAL REGISTRADOR:
MUNICÍPIO/UF:
ENDEREÇO:
Assinatura do Oficial

FERNANDO FAVORETTO/CRIAR IMAGEM

Observe a Certidão de Nascimento e leia-a com a ajuda do professor. Depois, circule de **azul** o nome da criança e de **vermelho** o sobrenome dela.

▼ Que outras informações a Certidão de Nascimento traz sobre a história dessa criança?

MUITOS NOMES E SOBRENOMES

ARAÚJO   OLIVEIRA   MARTINS   NOGUEIRA   SOUSA
SANTOS   SILVA

CAMILA _____

JOÃO _____

LUCAS _____

MARIANA _____

▼ Quantos sobrenomes você tem?
▼ O que vem primeiro: o nome ou o sobrenome?

Observe o quadro e leia os sobrenomes com a ajuda do professor. Depois, complete a lista de chamada copiando os sobrenomes com a mesma cor do nome.

Troque de livro com um colega e escreva seu nome e sobrenome no livro dele.

VOCÊ TEM APELIDO?

ROBERTO   JOSÉ   LUIZA   FRANCISCO   EDUARDA

CHICO   DUDA   ZÉ   LU   BETO

▼ Você sabe o que é apelido?
O apelido é um nome carinhoso geralmente formado por uma parte do nosso nome.
Com a ajuda do professor, ligue os nomes aos apelidos a eles correspondentes.
▼ Você tem algum apelido ou gostaria de ter algum?
Escreva-o no quadro.

DOCUMENTOS GUARDAM HISTÓRIA

OS DOCUMENTOS PESSOAIS REGISTRAM INFORMAÇÕES SOBRE NOSSA VIDA.

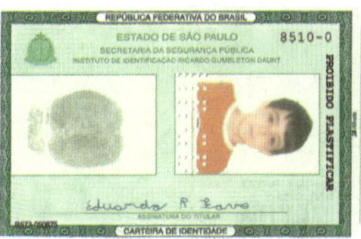 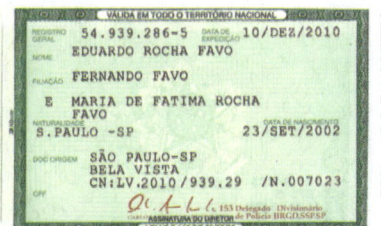

REGISTRO GERAL – RG.

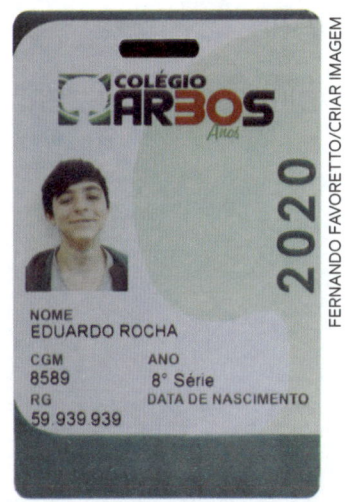

CADERNETA DE VACINAÇÃO.

PASSAPORTE.

CARTEIRA DE ESTUDANTE.

- ▼ Você conhece esses documentos?
- ▼ Por que eles são importantes?
  Circule os documentos que você tem.
- ▼ Você conhece algum outro documento?
  Conte aos colegas e ao professor.

TODA CRIANÇA TEM DIREITOS

VOCÊ CONHECE SEUS DIREITOS?

DIREITO À VIDA.

DIREITO À EDUCAÇÃO.

DIREITO AO LAZER.

DIREITO À SAÚDE.

DIREITO À CONVIVÊNCIA FAMILIAR.

DIREITO À CULTURA.

ILUSTRAÇÕES: HENRIQUE BRUM

- ▼ Você sabe o que são direitos?
- ▼ Você conhece os direitos da criança?

Observe as ilustrações e conheça alguns direitos da criança. Depois, pinte as imagens.

- ▼ Em sua opinião, esses direitos estão sendo respeitados?

Converse com os colegas e o professor. Depois, copie da lousa, em uma folha à parte, a conclusão da turma.

SOU CRIANÇA, TENHO DEVERES!

VOCÊ SABIA QUE, ALÉM DE DIREITOS, AS CRIANÇAS TAMBÉM TÊM DEVERES?

A	B	D	E	F	I	M
▲	★	◆	■	●	▬	⬟
N	O	P	R	S	T	U
●	◆	■	★	⬟	▲	▬

RESPEITAR OS

___ ___ ___ ___

RESPEITAR OS

___ ___ ___ ___ ___ ___ ___ ___ ___ ___ ___ ___

RESPEITAR OS

___ ___ ___ ___ ___ ___

PROTEGER O

___ ___ ___ ___ ___ ___ ___ ___ ___ ___ ___ ___

▼ O que são deveres?
▼ Você sabe quais são os deveres das crianças?
▼ Será que só as crianças têm deveres? E os adultos?

Substitua os símbolos pelas letras e descubra quatro deveres das crianças. Depois, escolha um deles e, em uma folha à parte, faça um desenho para representá-lo e exponha-o no mural.

O COMEÇO DA NOSSA HISTÓRIA

ILUSTRAÇÕES: HENRIQUE BRUM

▼ Onde começa nossa história?
Observe os desenhos.

▼ Como são as famílias representadas?

▼ Sua família se parece com alguma delas?

Circule a família que você acha mais parecida com a sua. Depois, descreva sua família para os colegas e o professor.

AS PESSOAS DA MINHA FAMÍLIA

A MINHA FAMÍLIA

EU GOSTO DA MINHA MÃE,
DO MEU PAI,
DO MEU IRMÃO.
NEM SEI COMO TANTA GENTE
CABE NO MEU CORAÇÃO.

PEDRO BANDEIRA. **POR ENQUANTO SOU PEQUENO**. SÃO PAULO: MODERNA, 2009. P. 13.

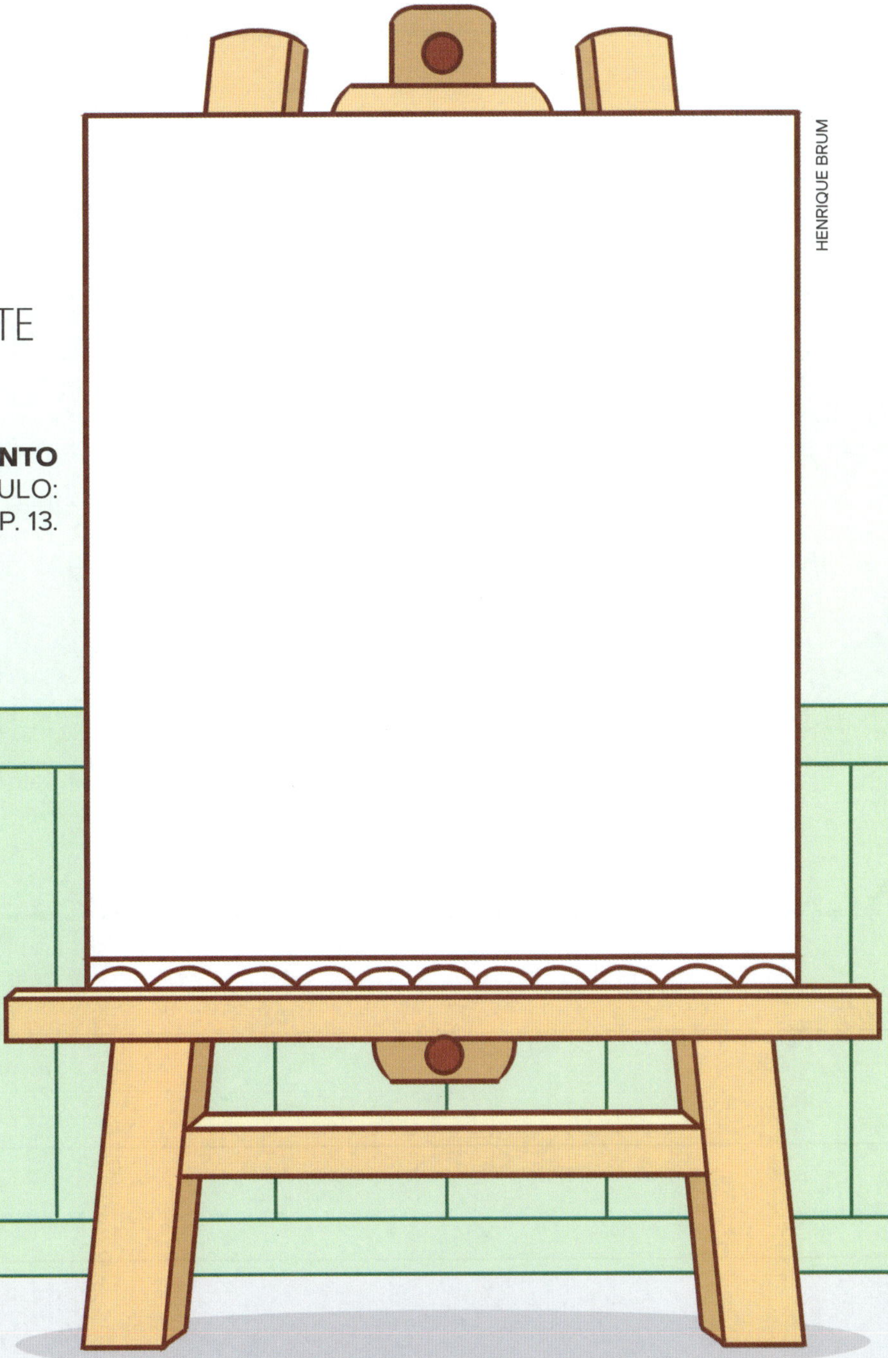

Você já aprendeu que toda criança tem direito a ter uma família.
▼ Como é sua família?

Ouça a leitura do professor e descubra quem são os membros dessa família. Em seguida, desenhe sua família e apresente-a aos colegas.

TODA FAMÍLIA TEM UMA HISTÓRIA

▼ O que você sabe da história da sua família?

Escreva acima, do jeito que souber, como é sua família e quem faz parte dela. Depois, peça a um de seus familiares que escreva, em uma folha à parte, um pouco da história da família. Por fim, cole a folha no quadro.

IGUAL OU DIFERENTE?

▼ As famílias são todas iguais?
▼ Você conhece alguma família com formação diferente da sua?
▼ Como ela é?
Desenhe a família que você indicou.
▼ De quem é a família que você representou?
▼ Quantas pessoas fazem parte dessa família?

ROTINA EM FAMÍLIA

[...] TODO MUNDO NA MINHA CASA ACORDA CEDO. A GENTE TOMA CAFÉ TODOS JUNTOS. E A GENTE JANTA TODOS JUNTOS. MEU PAI NÃO VEM ALMOÇAR EM CASA, PORQUE ELE TRABALHA LONGE. MINHA MÃE VEM TODOS OS DIAS PORQUE ELA TRABALHA MAIS PERTO [...].

RUTH ROCHA. **A FAMÍLIA DO MARCELO**. SÃO PAULO: SALAMANDRA, 2011. P. 16.

▼ Como é sua rotina em família?
Ouça um trecho da história da família do Marcelo.
▼ Quais atividades os membros da família dele fazem juntos?
Desenhe e escreva algo que você e sua família fazem juntos todos os dias.

▶ OUTRAS PESSOAS DA FAMÍLIA

ALÉM DOS PAIS E IRMÃOS, AS FAMÍLIAS TÊM OUTROS PARENTES. OS AVÓS, QUE SÃO OS PAIS DOS MEUS PAIS, OS TIOS, QUE SÃO OS IRMÃOS DOS MEUS PAIS, E OS PRIMOS, QUE SÃO OS FILHOS DOS MEUS TIOS.

MEUS AVÓS PATERNOS SÃO:

MEUS AVÓS MATERNOS SÃO:

MEUS TIOS SÃO:

MEUS PRIMOS SÃO:

▼ Que outras pessoas da sua família você conhece? Ouça a leitura do professor e escreva o nome de alguns parentes seus.

VISITANDO PARENTES

A COLCHA DE RETALHOS

[...] NOS FINAIS DE SEMANA, FELIPE VAI PARA CASA DA VOVÓ. É UMA DELÍCIA! VOVÓ SABE FAZER BOLO DE CHOCOLATE, BRIGADEIRO, BALA DE COCO, PÃO DE QUEIJO... ENFIM, SABE FAZER TUDO QUE FELIPE GOSTA [...]. VOVÓ SABE CONTAR HISTÓRIAS COMO NINGUÉM [...].

CONCEIL CORRÊA DA SILVA E NYE RIBEIRO SILVA. **A COLCHA DE RETALHOS**. SÃO PAULO: EDITORA DO BRASIL, 2010. P. 4-7.

▼ Você costuma visitar parentes?
▼ O que mais gosta de fazer quando está com eles?
   Ouça a leitura do professor e descubra qual parente Felipe gosta de visitar. Depois, faça um desenho para representar um dia de visita a um parente seu.

LEMBRANÇAS DO MEU TEMPO DE CRIANÇA

UMA FOTO, MUITAS LEMBRANÇAS

QUANDO EU ERA CRIANÇA, TODO DOMINGO ACONTECIA UM ALMOÇO EM FAMÍLIA. MINHA MÃE ACORDAVA CEDO E PREPARAVA A COMIDA. QUANDO O ALMOÇO FICAVA PRONTO, EU, A FILHA MAIS VELHA, ARRUMAVA A MESA. E QUANDO MAMÃE CHAMAVA, TODOS SE SENTAVAM À MESA. COMO ERA BOM TER A FAMÍLIA TODA REUNIDA!

RELATO ESCRITO ESPECIALMENTE PARA ESTA OBRA.

A) QUEM PREPARAVA A COMIDA?

_____

B) QUEM ARRUMAVA A MESA?

_____

SE LIGUE NA REDE

Para conhecer mais histórias de família, consulte o endereço a seguir e conheça o Museu da Pessoa (acesso em: 13 maio 2020).

▼ www.museudapessoa.org/pt/home

▼ O que você costuma fazer com sua família?
Ouça a leitura do professor e responda às perguntas. Depois, escreva no quadro uma lembrança de um momento seu com a família.

QUE LUGAR É ESSE?

A CASA

SE VOCÊ FOSSE UMA CASA, QUE TIPO GOSTARIA DE SER?
UMA CASA BEM GRANDE, COM LUGAR PARA MUITA GENTE?
UMA CASA PEQUENA LÁ NO ALTO DA SERRA?
UMA CASA ALEGRE, COM BICHOS E PLANTAS?
UMA CASA BEM GOSTOSA, COM JARDIM E QUINTAL?
UMA CASA ANTIGA, COM LAREIRA E CHAMINÉ? [...]

NYE RIBEIRO. **JEITO DE SER**. SÃO PAULO: EDITORA DO BRASIL, 2013. P. 4-5.

▼ Você sabia que moradia também é um direito da criança?

Ouça a leitura do professor e circule no texto os tipos de casa. Depois, desenhe uma das casas mencionadas no texto.

Destaque as peças da página 185 do encarte, pinte-as e monte uma casa.

A CASA E A FAMÍLIA

Toda família precisa de um lugar para morar e onde possa conviver.
▼ Como é o lugar onde você mora com sua família?
Faça um desenho para representar sua casa. Depois, conte aos colegas e ao professor como ela é.

QUANTAS CRIANÇAS? QUANTAS MORADIAS?

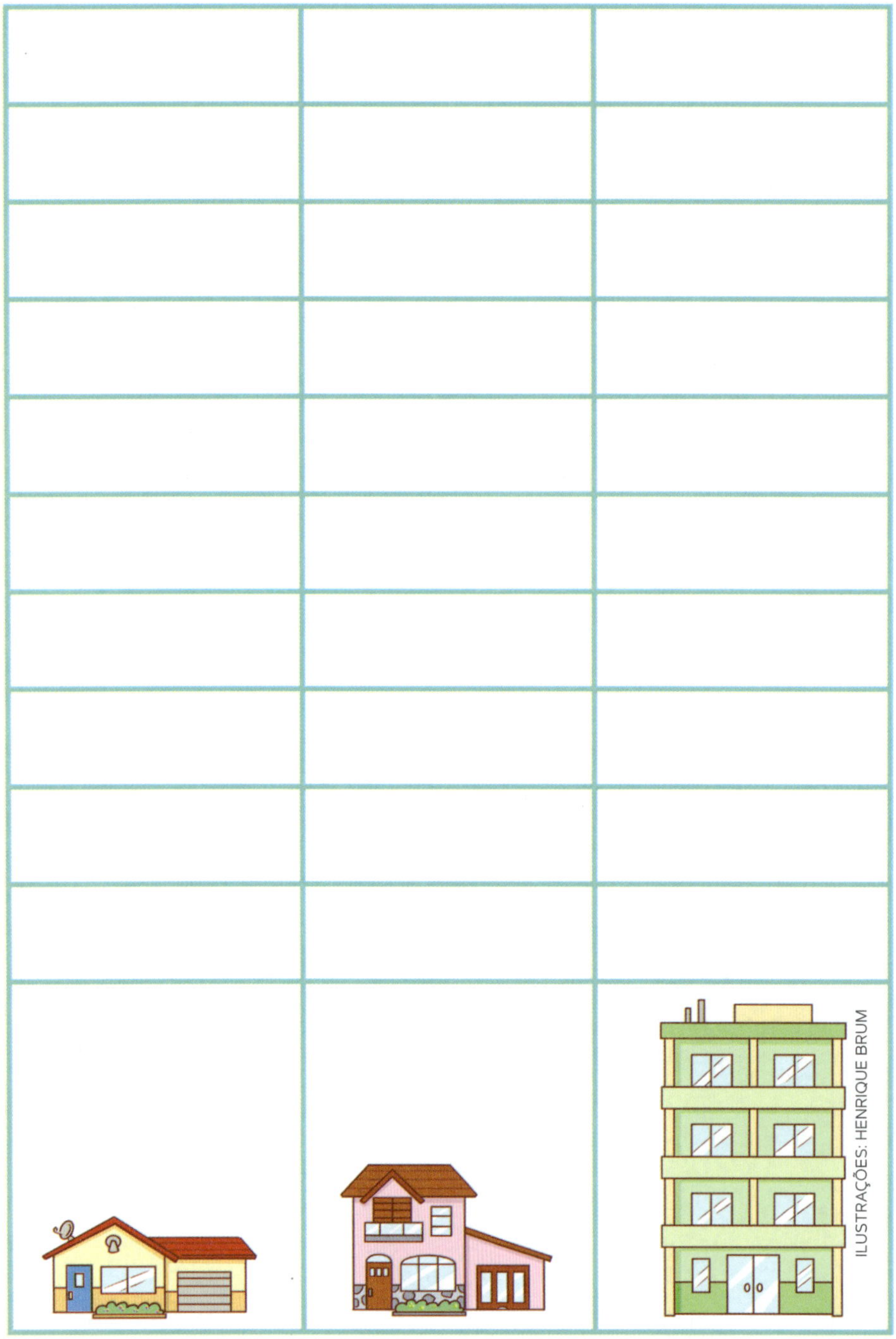

ILUSTRAÇÕES: HENRIQUE BRUM

▼ Como são as moradias dos colegas de turma?

  Faça uma pesquisa e descubra onde, das opções indicadas, cada colega da turma mora. Pinte um quadrinho para cada resposta, formando um gráfico.

▼ Quantos colegas moram em casa térrea ou sobrado?

▼ Quantos moram em apartamento?

  Conte os quadrinhos e registre as quantidades no quadro ao lado do gráfico.

UM COMBINADO

PARA CONVIVER BEM EM CASA, ALGUMAS FAMÍLIAS FAZEM COMBINADOS QUE TAMBÉM AJUDAM NA ORGANIZAÇÃO DA CASA.

UM COMBINADO QUE É SÓ MEU.

UM COMBINADO PARA TODAS AS PESSOAS DA FAMÍLIA.

▼ Em sua casa tem algum tipo de combinado?
▼ Você acha importante ter combinados com as pessoas que moram na mesma casa?

Ouça a leitura do professor e desenhe um combinado que é só seu e outro combinado que é para a família inteira. Depois, conte aos colegas e ao professor quais são os combinados da sua casa.

CASA DO POVO

AS CASAS TRADICIONAIS JAPONESAS SÃO UM CHARME E POSSUEM CARACTERÍSTICAS ARQUITETÔNICAS ÚNICAS QUE NÃO SÃO VISTAS EM CASAS DE ESTILO OCIDENTAL. [...]

AS CASAS TRADICIONAIS JAPONESAS SÃO CHAMADAS DE **MINKA** [...], QUE LITERALMENTE SIGNIFICA "CASA DO POVO".

SILVIA KAWANAMI. 10 CARACTERÍSTICAS MARCANTES EM UMA CASA TRADICIONAL JAPONESA. *IN*: **JAPÃO EM FOCO**. [*S. L: S. N.*], 5 JUL. 2017. DISPONÍVEL EM: WWW.JAPAOEMFOCO.COM/10-CARACTERISTICAS-MARCANTES-EM-UMA-CASA-TRADICIONAL-JAPONESA/. ACESSO EM: 13 MAIO 2020.

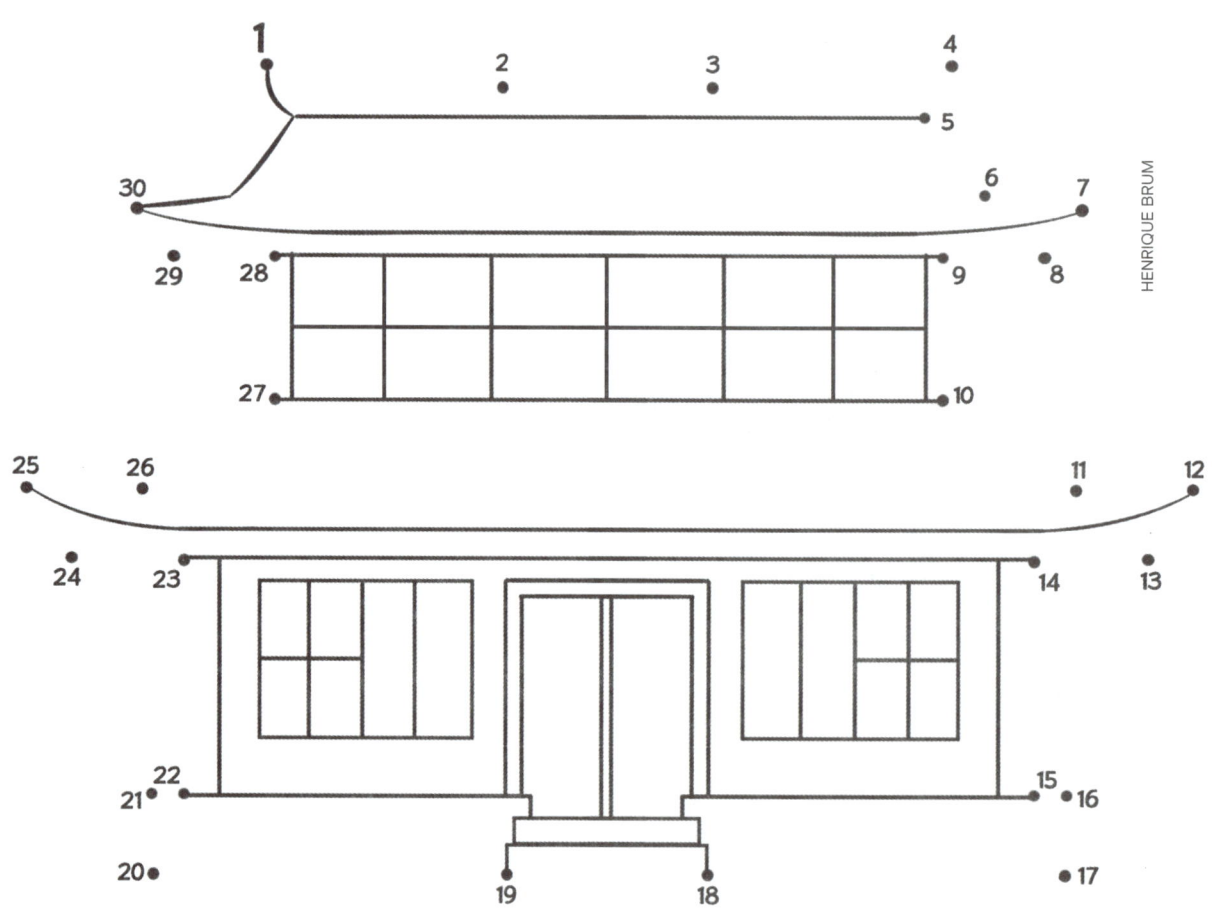

▼ Você já viu uma casa como essa?
▼ A qual cultura ela pertence?

Ouça a leitura do texto e ligue os pontos com canetinha hidrocor. Depois, pinte a ilustração com suas cores favoritas.

TAREFA PARA CASA 6

QUE CASA É ESSA?

- Você já viu uma casa assim?
- Onde ela foi construída?
  Desenhe no quadro como seria sua casa na árvore.

UNIDADE 4
O TEMPO E AS TRANSFORMAÇÕES

HÁ MUITO TEMPO O SER HUMANO VIVIA EM CAVERNAS.

DESENHE UMA MORADIA ATUAL.

O SER HUMANO FAZIA SEUS MEDICAMENTOS.

DESENHE O LUGAR ONDE ENCONTRAMOS MEDICAMENTOS.

ANTIGAMENTE, O SER HUMANO PRODUZIA SEUS OBJETOS DO COTIDIANO.

DAYANE CABRAL RAVEN

DESENHE UMA MANEIRA DE SE COMUNICAR PELA ESCRITA.

O SER HUMANO SE COMUNICAVA POR MEIO DE DESENHOS.

ANTES, O SER HUMANO TINHA DE CAÇAR E PESCAR SEU ALIMENTO.

DESENHE UM LUGAR ONDE PODEMOS ENCONTRAR ALIMENTOS.

DESENHE O LUGAR ONDE SÃO FABRICADOS OS OBJETOS DO COTIDIANO.

- Será que as coisas sempre foram como as conhecemos hoje?
Percorra o caminho, observe as ilustrações e acompanhe a leitura do professor. Depois, desenhe o que se pede em cada casa e compare o antigo com o atual.

- As mudanças ocorridas ao longo do tempo foram importantes para o ser humano? Por quê?
Converse com os colegas e o professor.

Chegada

TEMPO DE LEMBRAR

PENICO DE 1916.

JARRO E BACIA DE 1787.

LAMPIÃO DE 1897.

ESCARRADEIRA DE 1849.

▼ Você conhece esses objetos?

Observe as imagens e descubra o nome e a função de cada um. Depois, circule o ano em que eles eram usados.

▼ Em sua opinião, esses objetos fazem parte do cotidiano das pessoas atualmente?

Converse com os colegas e o professor.

LEMBRANÇAS DE OUTROS TEMPOS

O BAÚ DA VOVÓ

MINHA AVÓ ERA MUITO DIVERTIDA. NEM PRECISAVA DE LIVROS PARA CONTAR HISTÓRIAS. BASTAVA ELA ABRIR O BAÚ DAS LEMBRANÇAS PARA QUE AS HISTÓRIAS SURGISSEM, UMA A UMA. NO BAÚ, ELA GUARDAVA UM CHAPÉU, MONÓCULOS, FOTOGRAFIAS, MOEDAS, UM RELÓGIO DE BOLSO, UM AVIÃOZINHO DE LATA, UM CARRINHO DE MADEIRA... E OUTRAS TANTAS COISAS.

QUANDO ÍAMOS VISITÁ-LA, ELA SE APRESSAVA PARA VIAJAR NO TEMPO DE SUAS MEMÓRIAS. IA RETIRANDO OS OBJETOS DO BAÚ E CONTAVA A HISTÓRIA DE CADA UM. QUE SAUDADE DA VOVÓ E DE SUAS HISTÓRIAS!

TEXTO ESCRITO ESPECIALMENTE PARA ESTA OBRA.

MARCOS MACHADO

▼ Você sabia que os objetos têm história?
▼ Há algum objeto antigo na sua casa?

Ouça a leitura do professor e circule no texto os objetos do baú da vovó.

Pense em um objeto que você usava quando era menor e conte a história dele. Escreva a história em uma folha de papel separada e, se possível, traga o objeto para a sala.

TAREFA PARA CASA 7

VOCÊ CONHECE ESSES OBJETOS?

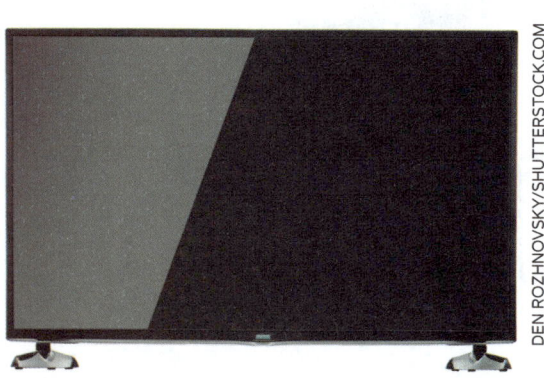

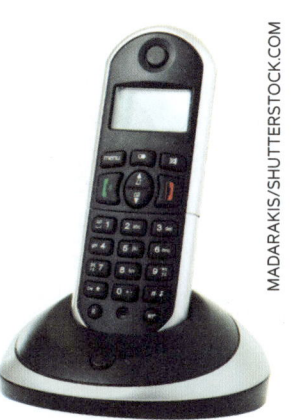

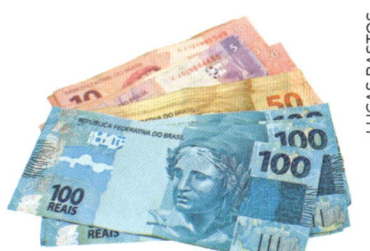

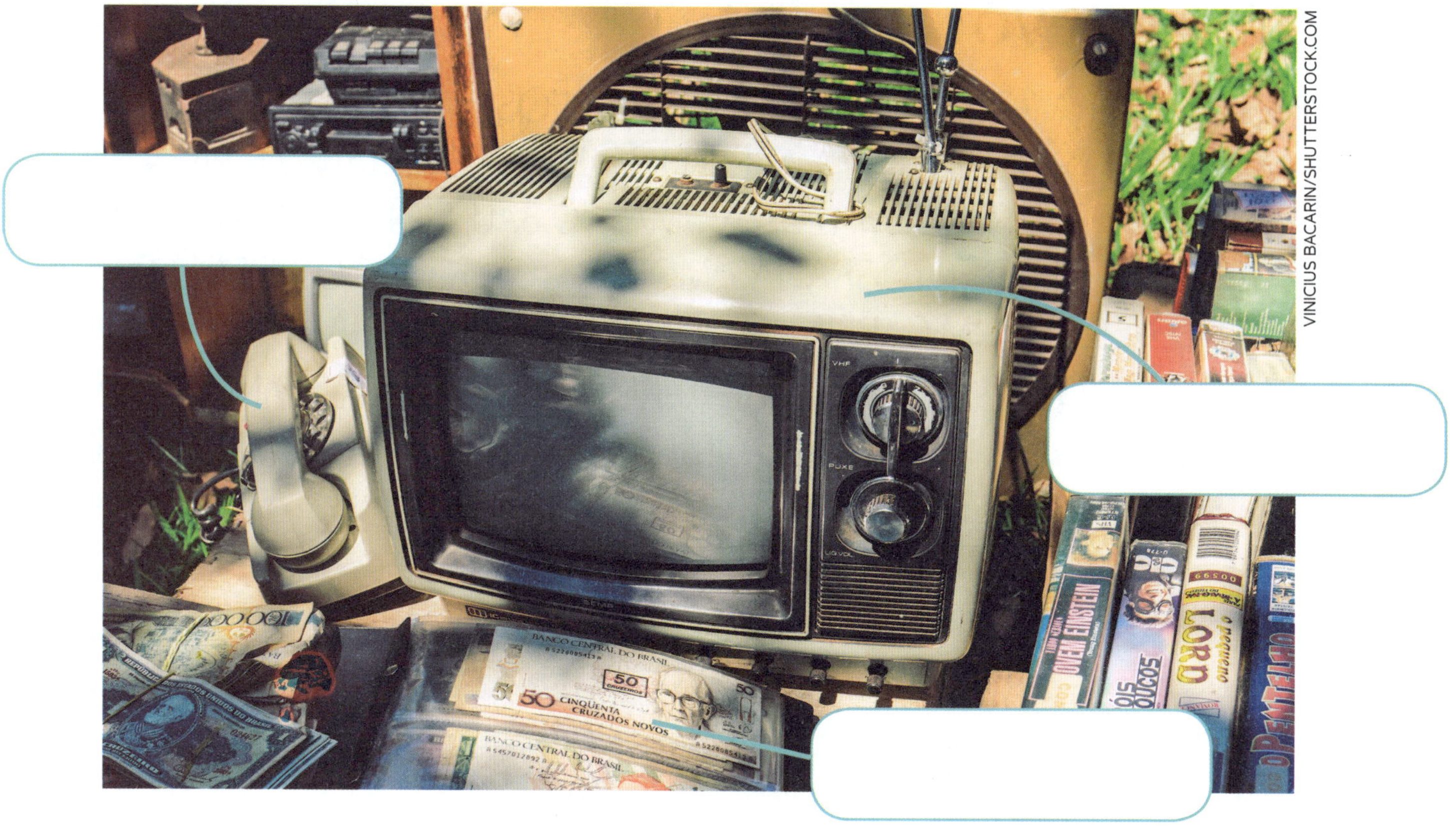

VINICIUS BACARIN/SHUTTERSTOCK.COM

DEN ROZHNOVSKY/SHUTTERSTOCK.COM

MADARAKIS/SHUTTERSTOCK.COM

LUCAS BASTOS /SHUTTERSTOCK.COM

- Você já visitou uma loja ou feira de antiguidades?

  Nesses locais há objetos que nos ajudam a compreender melhor o passado.

  Observe a primeira imagem e escreva o nome dos objetos que aparecem nela. Depois, circule com a mesma cor os objetos antigos e seus correspondentes atuais.

- Que diferenças você percebe entre os objetos antigos e os atuais?

GALERIA DE IMAGENS

TUDO AO NOSSO REDOR SE TRANSFORMA: AS ROUPAS, OS OBJETOS, AS CASAS, A PAISAGEM, OS MEIOS DE TRANSPORTE E DE COMUNICAÇÃO. AS FAMÍLIAS TAMBÉM MUDAM COM O PASSAR DO TEMPO.

▼ Você consegue perceber como mudou ao longo do tempo?
▼ E o lugar onde você mora? Passou por alguma transformação?

Converse com os colegas e o professor sobre o assunto. Depois, recorte de jornais e revistas figuras que representem objetos atuais usados em sua casa e cole-as no quadro. Escreva o nome dos objetos colados como souber.

Apresente seu trabalho para a turma.

FAMÍLIAS DE ONTEM E DE HOJE

FAMÍLIA ANTIGA.

FAMÍLIA ATUAL.

Observe as imagens e compare-as.
- Qual fotografia é atual?
- E qual é antiga?
- Que diferenças você percebe entre as famílias fotografadas? Escreva nos quadros as características de cada uma.

NA MINHA FAMÍLIA EU APRENDO MUITAS COISAS

▼ O que você já aprendeu com sua família?

Desenhe algo que você tenha aprendido com sua família. Depois, apresente seu desenho para os colegas e o professor e conte como foi esse aprendizado.

AS MORADIAS AO LONGO DO TEMPO

AS MORADIAS MUDARAM COM O PASSAR DO TEMPO. ALGUMAS MORADIAS ANTIGAS ESTÃO PRESERVADAS ATÉ HOJE, E OBSERVÁ-LAS NOS AJUDA A PERCEBER COMO AS PESSOAS VIVIAM ANTIGAMENTE.

▼ No lugar onde você mora as casas são antigas ou atuais?
▼ Você já viu uma casa antiga?

Observe as imagens e circule de **verde** as moradias antigas e de **amarelo** as moradias atuais.

Depois, em uma folha de papel, com a ajuda do professor, monte uma linha do tempo analisando as imagens.

IMAGINAR E CRIAR

▼ Como você imagina que serão as casas no futuro?
Com tinta e pincel, faça um desenho representando como seria uma casa do futuro. Depois, apresente sua pintura para os colegas e o professor. Solte a imaginação!

O PASSADO E O PRESENTE

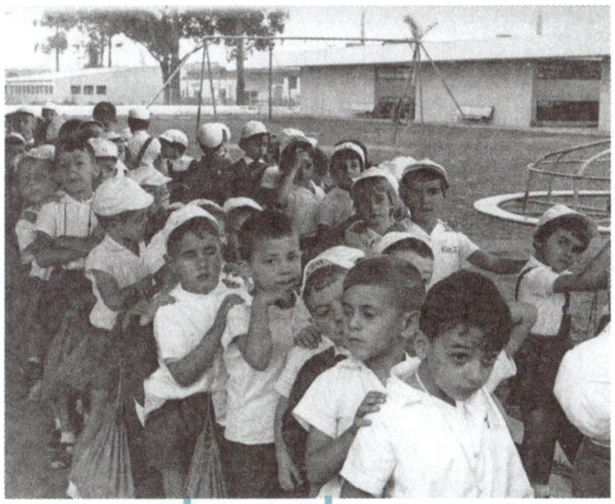

- ▼ Você acha que sua escola mudou com o passar do tempo? Observe as imagens e leve as crianças para a escola.
- ▼ O que há de semelhante e de diferente entre as duas escolas? Converse com os colegas e o professor e faça uma lista em uma folha de papel.

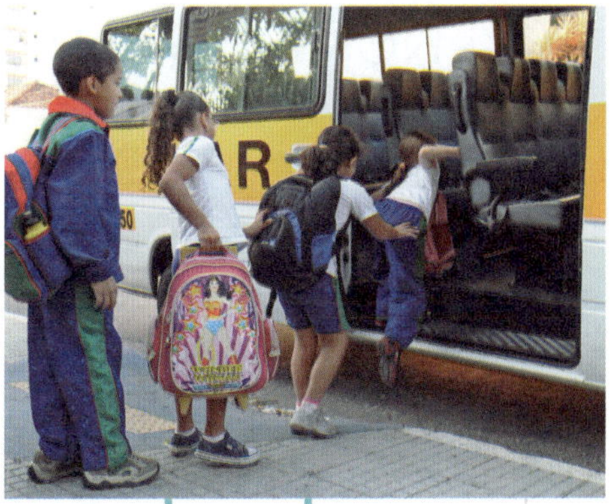

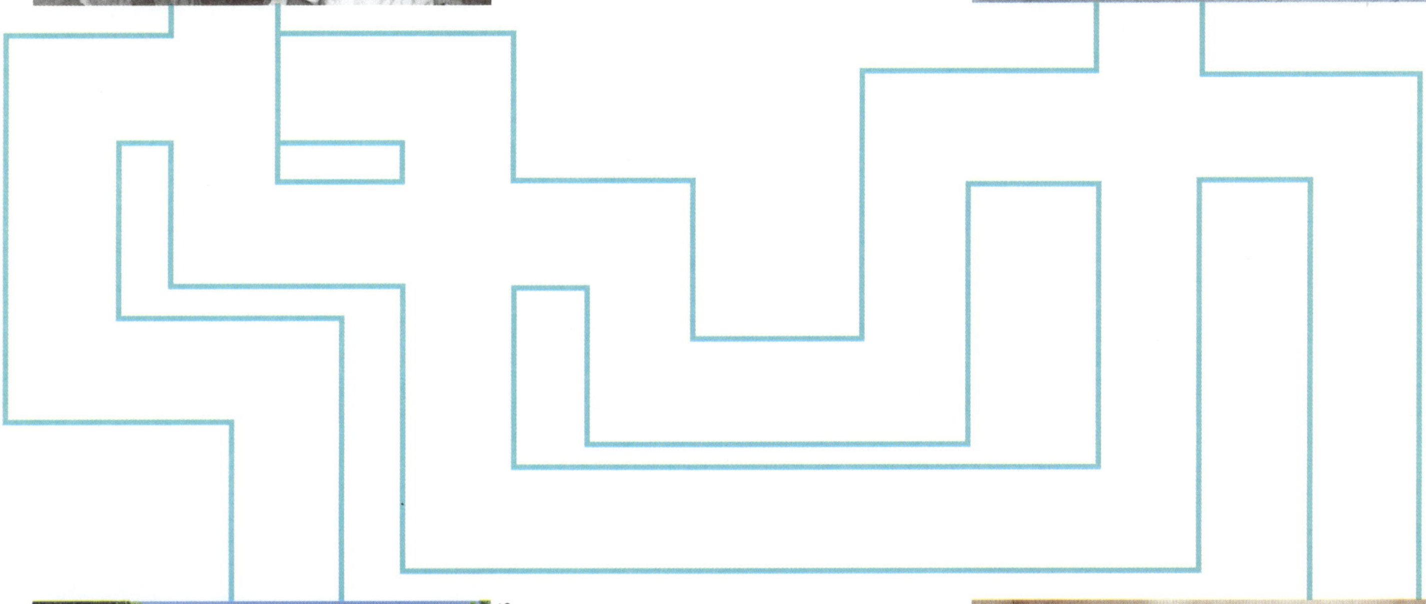

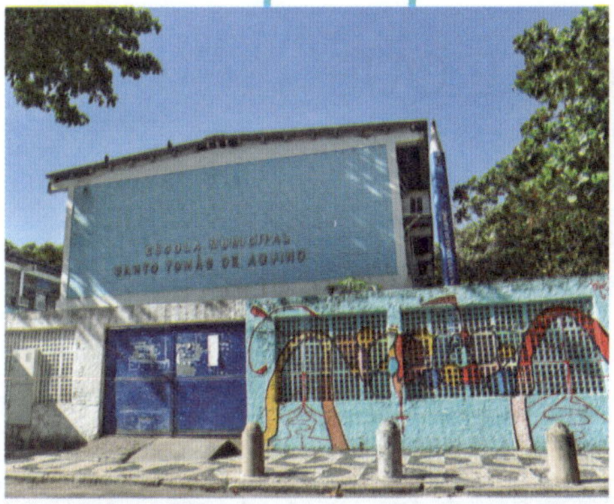

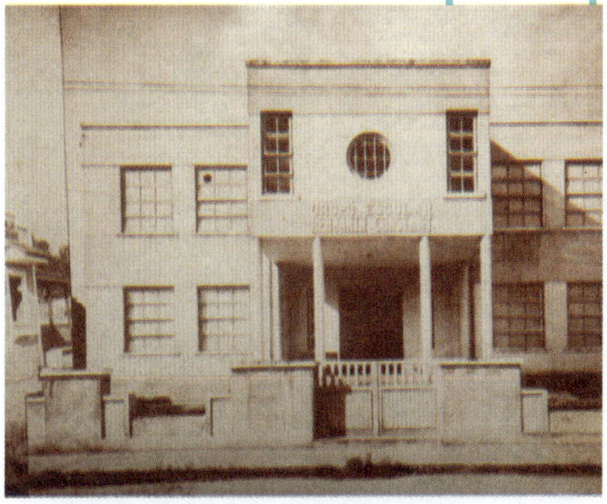

UMA HISTÓRIA PARA CONTAR

A) NOME DO ENTREVISTADO:

B) HÁ QUANTO TEMPO VOCÊ TRABALHA NA ESCOLA?

C) POR QUE A ESCOLA TEM ESSE NOME?

D) HÁ QUANTO TEMPO A ESCOLA EXISTE?

E) O QUE MUDOU NA ESCOLA DESDE QUE VOCÊ COMEÇOU A TRABALHAR NELA?

F) VOCÊ SE LEMBRA DE UM FATO MARCANTE QUE ACONTECEU NA ESCOLA?

▼ O que você sabe sobre a história da sua escola?
Escolha um profissional que trabalha há bastante tempo na escola e entreviste-o. Você e os colegas farão as perguntas e o professor escreverá as respostas na lousa. Em seguida, copie essas respostas.

MEMÓRIAS DE OUTROS TEMPOS

SR. AMADEU

NASCI NO BRÁS, RUA CARLOS GARCIA, 26, NO DIA 30 DE NOVEMBRO DE 1906 [...]. MEU PAI ERA ALFAIATE [...]. QUANDO CHEGOU EM SÃO PAULO, JÁ TINHA PROFISSÃO E FOI TRABALHAR COMO ALFAIATE. [...] NAQUELE TEMPO OS HOMENS USAVAM TERNO COMPLETO.

RELATO DE SR. AMADEU, NASCIDO NO ANO DE 1906. ECLÉA BOSI. **MEMÓRIA E SOCIEDADE: LEMBRANÇAS DE VELHOS**. SÃO PAULO: COMPANHIA DAS LETRAS, 1994. P. 124.

Ouça a leitura do professor.
▼ Que roupa os homens usavam naquela época?
Antigamente, os ternos eram feitos artesanalmente por um alfaiate. Observe as imagens e circule apenas os objetos utilizados pelo alfaiate.
▼ E hoje em dia, como são feitos os ternos?
▼ Será que ainda existe a profissão de alfaiate?

NAQUELE TEMPO...

ANTIGAMENTE, O ACENDEDOR DE LAMPIÃO ILUMINAVA OS POSTES DAS RUAS.

E HOJE EM DIA, COMO OS POSTES SÃO ACESOS?

ANTIGAMENTE, O LEITEIRO DEIXAVA O LEITE NA PORTA DAS CASAS.

E HOJE EM DIA, COMO COMPRAMOS O LEITE?

As profissões mudam com o tempo e algumas desaparecem.
▼ Observe as imagens: elas são antigas ou atuais?
▼ Você conhece essas profissões?
Ouça a leitura do professor e escreva as respostas nos quadros.
Com a ajuda do professor, pesquise outras profissões que não existem mais e registre o resultado em uma folha de papel.

▶ QUANDO CRESCER QUERO SER...

▼ Em sua opinião, o trabalho é importante? Por quê?
▼ O que você sabe sobre o trabalho de seus pais?
▼ O que você quer ser quando for adulto?
   Desenhe o que você gostaria de ser. Depois, mostre seu desenho para os colegas.

UM TRANSPORTE DE MUITO TEMPO

NO MEU TEMPO SÓ TINHA BONDE ABERTO E O "CARADURA", QUE ERA O BONDE OPERÁRIO. ENTÃO A GENTE IA NO "CARADURA" PARA NÃO TER QUE PAGAR. [...] O BONDE FECHADO, "CAMARÃO", VEIO DEPOIS.

RELATO DE DONA RISOLETA, NASCIDA NO ANO DE 1900. ECLÉA BOSI. **MEMÓRIA E SOCIEDADE: LEMBRANÇAS DE VELHOS**. SÃO PAULO: COMPANHIA DAS LETRAS, 1994. P. 388.

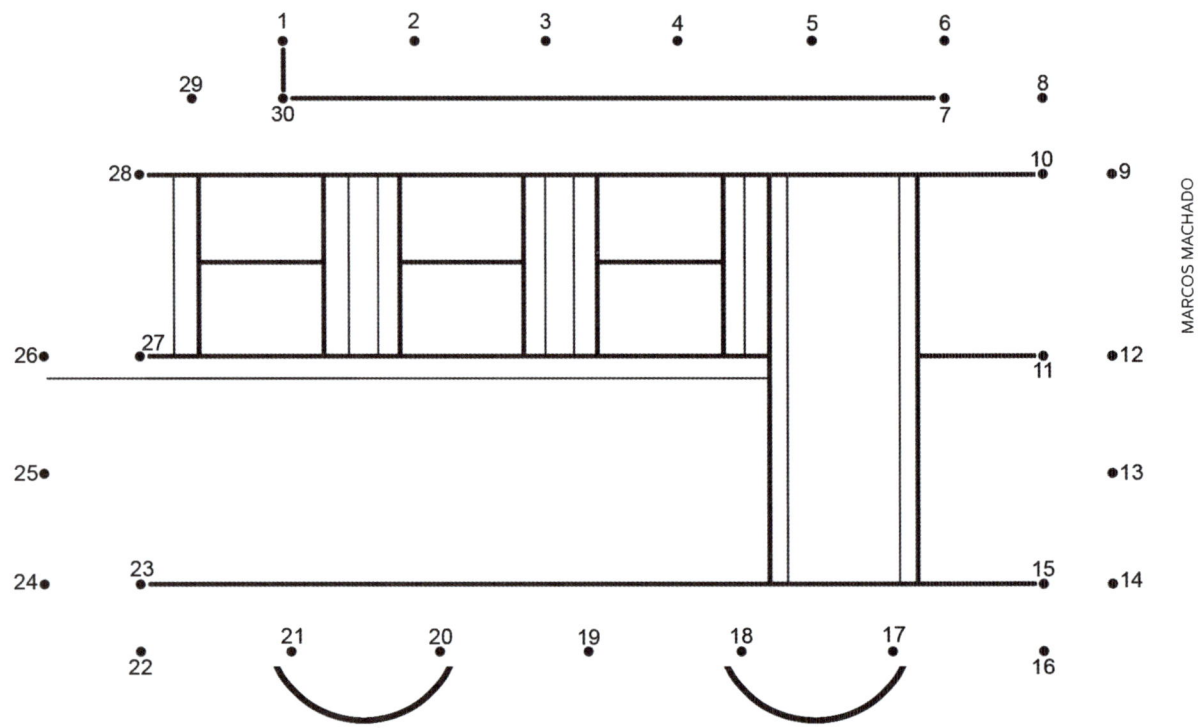

MARCOS MACHADO

SE LIGUE NA REDE

Para saber mais sobre a história e a evolução dos meios de transporte, visite o **Museu Virtual do Transporte Urbano**, no *link* a seguir (acesso em: 25 maio 2020).

▼ www.museudantu.org.br/QBrasil.htm

Os meios de transporte também mudaram.

Ouça a leitura do professor e ligue os pontos para descobrir um transporte coletivo muito utilizado antigamente. Depois, pinte-o.

▼ Será que esse meio de transporte ainda existe?

Pesquise mais informações sobre o bonde e sua utilização. Registre o resultado em uma folha de papel.

OS MEIOS DE TRANSPORTE ATUAIS

▼ Você usa algum meio de transporte coletivo?
▼ Que meios de transporte coletivo existem em sua cidade?
  Recorte de revistas e jornais figuras de meios de transporte atuais que levam várias pessoas ao mesmo tempo. Cole-as na página.

▶ COMUNICAÇÃO AO LONGO DO TEMPO

NO TEMPO DOS MEUS BISAVÓS

[...]

O CORREIO TINHA UM GRANDE MOVIMENTO, E AS CARTAS DEMORAVAM DIAS, SEMANAS, ÀS VEZES MESES PARA CHEGAR AO SEU DESTINO. [...] E NEM SE PENSAVA EM *E-MAIL*, MUITO MENOS EM REDES SOCIAIS PARA UM BATE-PAPO GOSTOSO COM OS AMIGOS DISTANTES. INTERNET ERA COISA DE OUTRO MUNDO. [...]

NYE RIBEIRO. **NO TEMPO DOS MEUS BISAVÓS**. SÃO PAULO: EDITORA DO BRASIL, 2013. P. 8.

Ouça a leitura do professor.
- ▼ Que meios de comunicação eram usados antigamente?
- ▼ E hoje em dia, quais são usados?
- ▼ Você já recebeu ou enviou uma carta?

Recorte e cole no quadro a imagem de um meio de comunicação atual.

QUE INVENÇÃO É ESSA?

ESTE APARELHO FOI INVENTADO HÁ MUITO TEMPO, EM 1973, POR UM ENGENHEIRO CHAMADO MARTIN COOPER. ELE MUDOU MUITO AO LONGO DO TEMPO! ANTES, ERA BEM GRANDE E PESADO, E SUA ÚNICA FUNÇÃO ERA FAZER E RECEBER LIGAÇÕES.

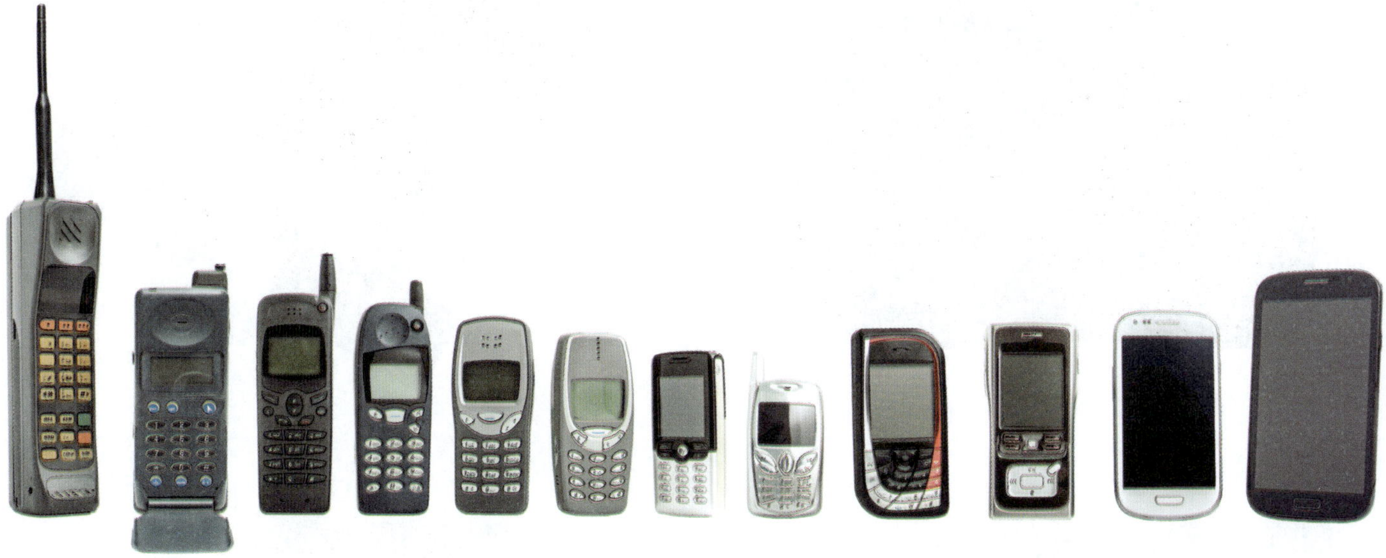

POM POM/SHUTTERSTOCK.COM

X	C	E	X	L	U	X	L	A	R

Acompanhe a leitura do professor e observe as imagens.

- Que meio de comunicação é esse?

Pinte os espaços com a letra **X**. Depois, copie as letras que sobraram e escreva no quadro o nome do aparelho.

- Que mudanças você percebe nos celulares antigos e atuais?

TANTAS DESCOBERTAS · TANTAS DESCOBERTAS ·

UM APARELHO, VÁRIAS FUNÇÕES

ATUALMENTE, É POSSÍVEL FAZER VÁRIAS COISAS NO CELULAR. É COMO SE TIVÉSSEMOS VÁRIOS APARELHOS EM UM SÓ.

▼ O que conseguimos fazer hoje com o celular? Observe as imagens.
▼ Que aparelhos são esses?
▼ Para que servem?

Marque um **X** nos aparelhos cujas ações podem ser realizadas pelo celular.

PARA COMUNICAR E INFORMAR

RUSLAN IVANTSOV/SHUTTERSTOCK.COM

PUNKBARBYO/SHUTTERSTOCK.COM

ELNUR/SHUTTERSTOCK.COM

FERNANDO FAVORETTO/CRIAR IMAGEM

▼ Que meios de comunicação são esses?

Existem meios de comunicação que servem para falar com quem está distante e outros que servem para informar e divertir.

Circule de **vermelho** os meios de comunicação utilizados para falar com quem está distante e de **azul** os utilizados para informar.

▼ Podemos também usar o celular para nos informar?

105

UNIDADE 5

UM LUGAR, MUITOS LUGARES

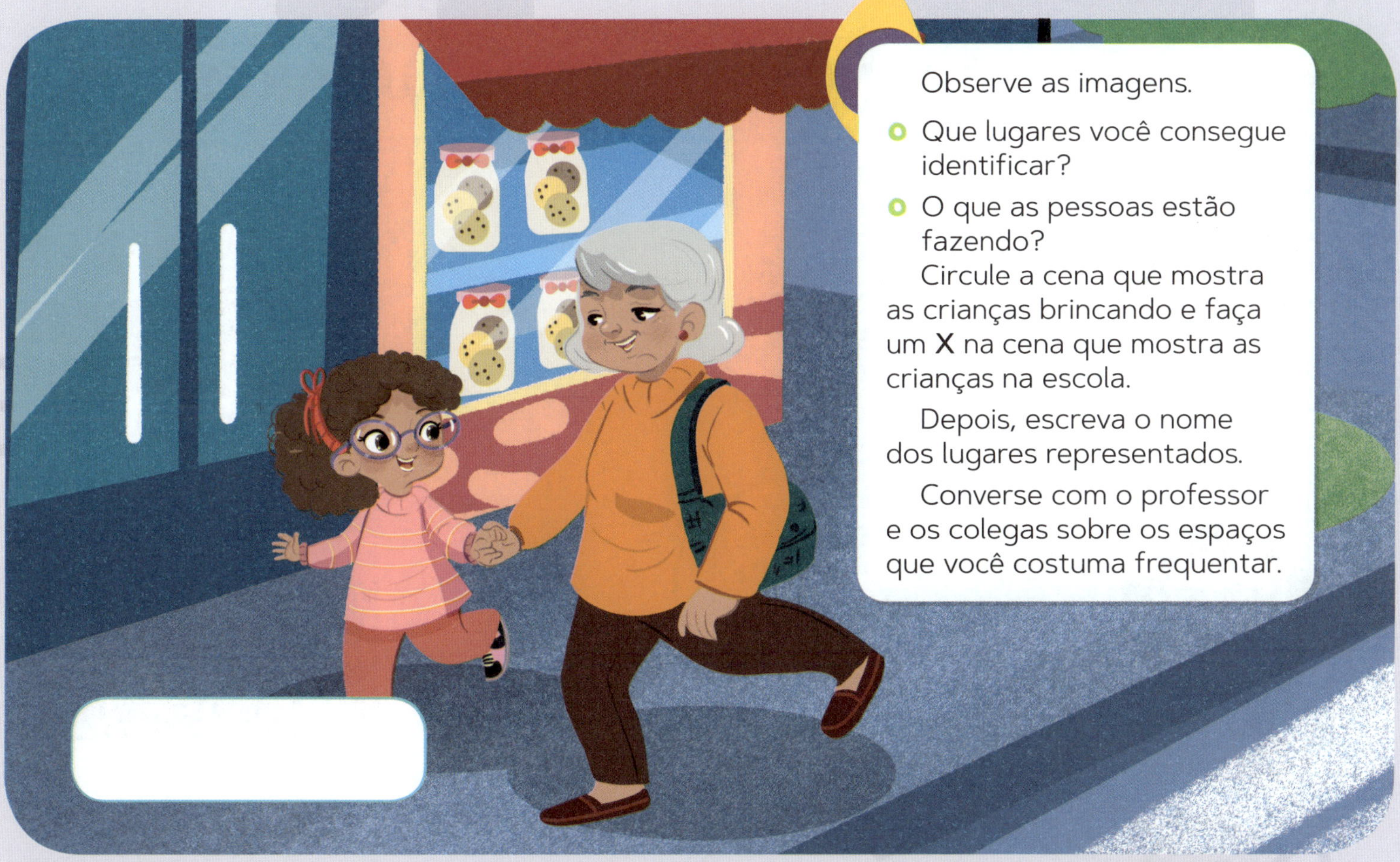

Observe as imagens.

- Que lugares você consegue identificar?
- O que as pessoas estão fazendo?

Circule a cena que mostra as crianças brincando e faça um **X** na cena que mostra as crianças na escola.

Depois, escreva o nome dos lugares representados.

Converse com o professor e os colegas sobre os espaços que você costuma frequentar.

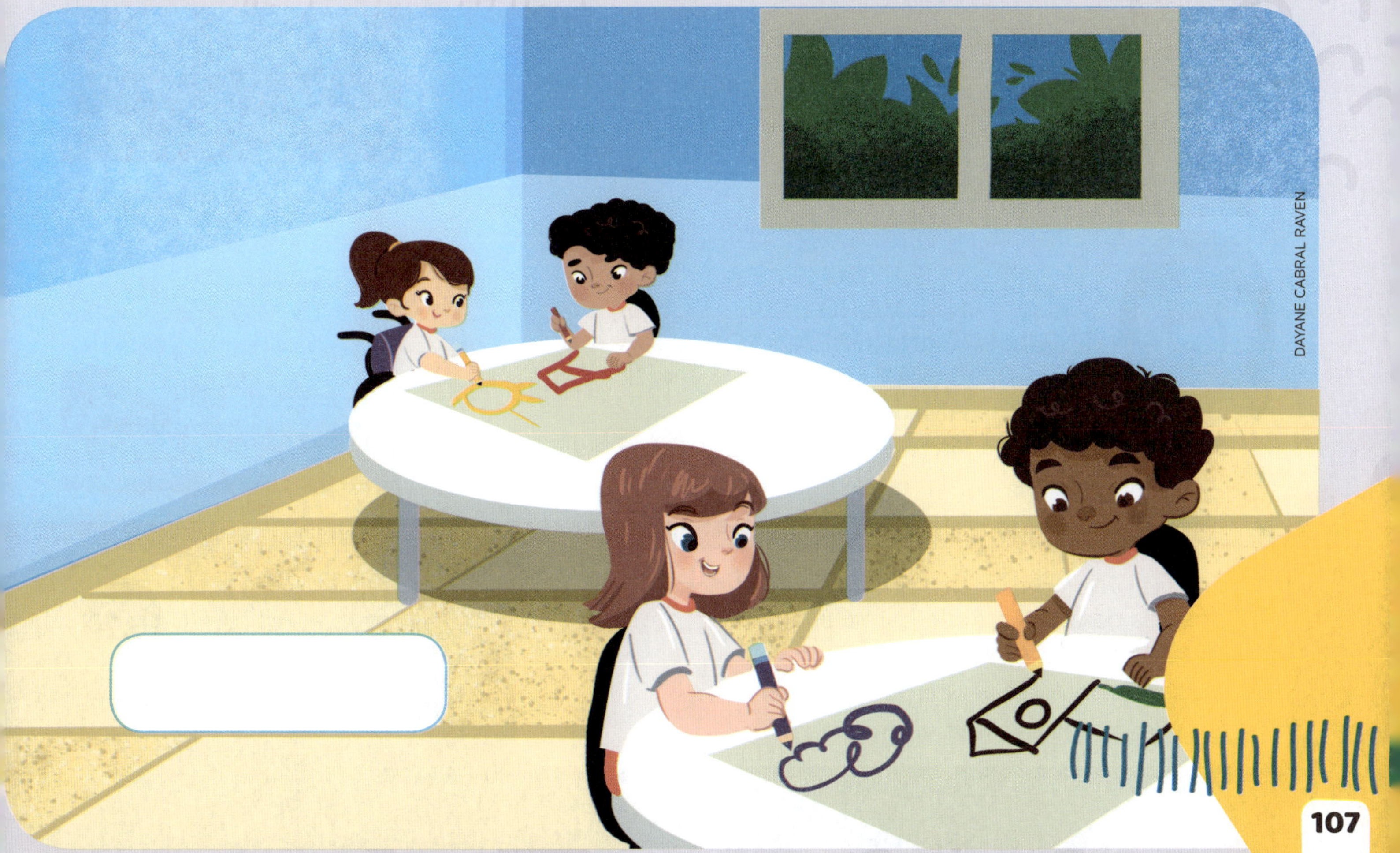

DAYANE CABRAL RAVEN

OUTRAS CRIANÇAS, OUTROS LUGARES

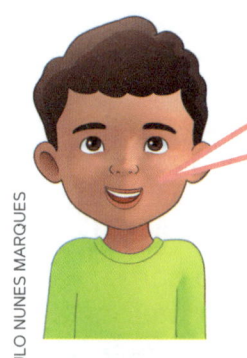

EU SOU ARTUR. MORO EM UM LUGAR COM MUITAS ÁRVORES, MORROS E AR PURO.

MEU NOME É LARA. MORO EM UMA CIDADE GRANDE, COM MUITAS CASAS E PRÉDIOS.

MEU NOME É JOÃO. MORO EM UMA VILA DE PESCADORES, À BEIRA DA PRAIA.

EU SOU ANAÍ. MORO EM UM LUGAR RODEADO DE RIOS, NA FLORESTA AMAZÔNICA.

O Brasil é um país muito grande, com vários lugares diferentes para viver. Acompanhe a leitura do professor e ligue as descrições às imagens.

▼ Você conhece esses lugares?
▼ Sabe como as pessoas vivem neles?

EM CADA LUGAR, UM JEITO DE BRINCAR

■ CARRAPIXO – BARQUINHO DE FOLHA DE COQUEIRO.
■ CARRINHO DE MADEIRA.
■ BARRACA DE FOLHAS DO AÇAIZEIRO.
■ BALANÇO NO PARQUINHO.

ILUSTRAÇÕES: SAULO NUNES MARQUES

Há várias maneiras de brincar aproveitando o espaço e os materiais ao seu redor. Observe as imagens e veja como brincam Artur, Lara, João e Anaí.
▼ Você conhece essas brincadeiras?
Ouça a leitura do professor e circule as imagens de acordo com a legenda.

SEU CORPO OCUPA UM LUGAR NO ESPAÇO

VAMOS REPRESENTAR O CORPO OCUPANDO UM LUGAR.

VOCÊ VAI PRECISAR DE:

- 1 FOLHA DE PAPEL *KRAFT*;
- CANETINHAS HIDROCOR COLORIDAS;
- GIZ DE CERA;
- TESOURA SEM PONTA.

COMO FAZER

1. DEITE-SE SOBRE O PAPEL E PEÇA AO PROFESSOR OU A UM COLEGA PARA CONTORNAR SEU CORPO SOBRE ELE COM CANETINHA HIDROCOR.
2. RECORTE O CONTORNO.
3. DESENHE AS ROUPAS E AS PARTES DO CORPO PARA COMPLETAR O DESENHO.
4. COLOQUE O BONECO AO SEU LADO E MOVIMENTE-O IMITANDO OS MOVIMENTOS QUE VOCÊ FAZ.

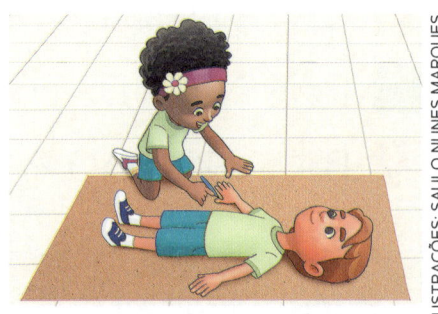
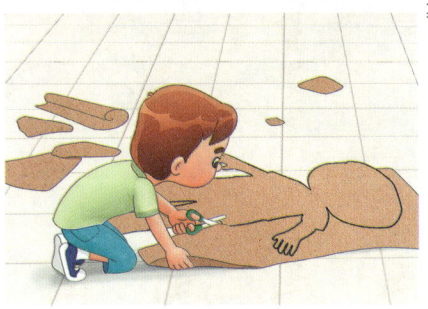

ILUSTRAÇÕES: SAULO NUNES MARQUES

Com a ajuda do professor, siga as instruções e faça o contorno de seu corpo. Depois, compare-o com o dos colegas.
▼ Os contornos são todos do mesmo tamanho?
▼ Que outras diferenças você percebe entre os contornos?

VISÕES DIFERENTES DO MESMO CORPO

☐ VISÃO VERTICAL

☐ VISÃO FRONTAL

☐ VISÃO LATERAL

☐ VISÃO VERTICAL

☐ VISÃO FRONTAL

☐ VISÃO LATERAL

☐ MESMO TAMANHO

☐ TAMANHO MENOR

☐ TAMANHO MAIOR

▼ Quando você estava deitado, qual era a visão que os colegas tinham de seu corpo?
Segure o contorno de frente para você.
▼ Qual é a visão que você tem dele segurando-o assim?
Coloque o contorno à sua frente e compare o tamanho dele com o de seu corpo.
▼ De que tamanho ficou o contorno comparado ao seu corpo?
Marque um **X** nas respostas corretas.

PONTOS DE VISTA

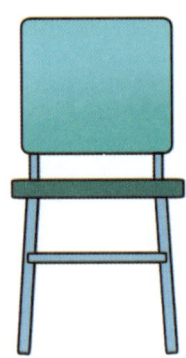

VISÃO FRONTAL.

VISÃO LATERAL.

VISÃO VERTICAL.

VISÃO OBLÍQUA.

ILUSTRAÇÕES: MARCO CORTEZ

Observe a cadeira de diferentes pontos de vista.

Circule a imagem da cadeira vista de cima e faça um **X** na cadeira que é vista de frente.

▼ Será que a cadeira está representada em tamanho real? Converse com os colegas e o professor.

HORA DE BRINCAR

SIGA O MESTRE

O MESTRE MANDOU...
LAVAR A PARTE DE CIMA DA CABEÇA
LAVAR ATRÁS DA CABEÇA
ESFREGAR O BRAÇO DIREITO
ESFREGAR A PERNA DIREITA
LAVAR O BRAÇO ESQUERDO
AGORA A PERNA ESQUERDA.

BRINCADEIRA POPULAR.

ILUSTRAÇÕES: MARCO CORTEZ

▼ Vamos brincar de "siga o mestre"?
Siga as orientações do professor. Depois, observe as imagens e pinte os quadrinhos de acordo com o texto.

▶ QUE LUGAR É ESSE?

ATRÁS DA MESA DO PROFESSOR ESTÁ _____.

À ESQUERDA DA PORTA ESTÁ _____.

À DIREITA DA PORTA ESTÁ _____.

EM FRENTE À JANELA ESTÃO _____.

▼ Que lugar é esse?
▼ Que objetos há nesse lugar?
   Ouça a leitura do professor e complete as frases com o nome dos objetos de acordo com a localização deles na sala.
▼ Como é sua sala?
▼ Quem se senta à sua direita? E à sua esquerda?

▶ VEM HISTÓRIA AÍ

OI! EU SOU MARIANA, E ESSA É MINHA CASA.

AQUI NA SALA ASSISTIMOS À TV E CONVERSAMOS.

HUM, QUE CHEIRINHO BOM! A COZINHA É MEU LUGAR FAVORITO DA CASA.

MINHA IRMÃ E EU DORMIMOS NO MESMO QUARTO.

E AQUI FICA O BANHEIRO QUE TODOS USAMOS.

AH, COMO EU GOSTO DA MINHA CASA!

ILUSTRAÇÕES: MARCO CORTEZ

Acompanhe a leitura do professor e descubra como é a casa de Mariana.
▼ Quantos cômodos tem a casa dela?
Circule de **laranja** o cômodo onde Mariana dorme e de **rosa** o cômodo de que ela mais gosta.
▼ Sua casa se parece com a de Mariana?
▼ Qual é seu lugar preferido da casa em que mora?

▶ VOCÊ É O PERSONAGEM

Faça como Mariana e escreva uma história em quadrinhos para apresentar sua casa.

Em cada quadrinho, desenhe a si mesmo nos cômodos da casa e escreva um texto para apresentá-los.

▶ QUE DESENHO É ESSE?

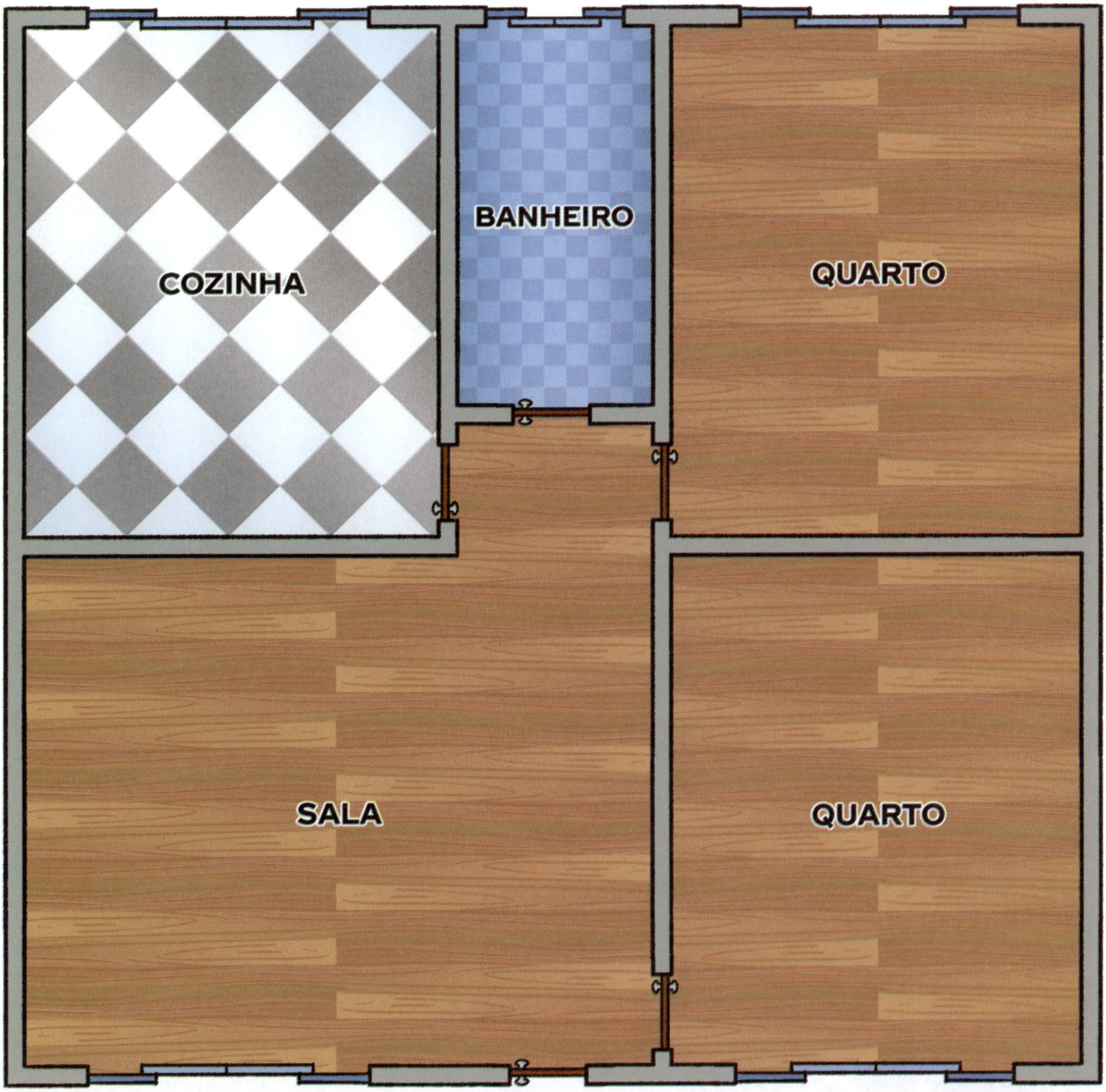

▼ Você já viu um desenho como esse?
▼ Sabe o que ele representa?
   Observe a imagem e conte quantos cômodos tem essa casa. Depois, destaque os objetos da página 187 do encarte e cole-os nos cômodos.
▼ Você acrescentaria outros cômodos a essa casa?
   Comente com os colegas e o professor.

QUAL É O TAMANHO?

A) QUE SEMELHANÇAS VOCÊ OBSERVA ENTRE AS IMAGENS?

_____

B) QUE VISÃO TEMOS DAS IMAGENS?

_____

C) O OBJETO ESTÁ REPRESENTADO EM SEU TAMANHO REAL?

_____

▼ De que tamanho são os móveis que você colou na página 117?
▼ Eles estão representados em tamanho real ou foram reduzidos?
   Observe as imagens e responda às perguntas com a ajuda do professor.

BRINQUE E DIVIRTA-SE!

CAÇA AO TESOURO

1. COMECE PELA SALA. ENCONTROU ALGO? SAIA DA SALA E VÁ PARA O CÔMODO ONDE TODOS TOMAM BANHO.
2. VIU ALGUMA COISA? SAIA DO BANHEIRO E VÁ PARA O LUGAR ONDE PREPARAMOS A COMIDA.
3. NADA? PASSE PELA SACADA E OBSERVE-A.
4. SERÁ QUE NÃO ESTÁ NA SALA? OLHE EM CIMA DO SOFÁ.
5. VÁ PARA O QUARTO E OLHE TUDO. ENCONTROU?

Tiago e a mãe gostam de brincar de "caça ao tesouro".

Preste atenção nas pistas e, com um lápis de cor, trace o caminho até encontrar a surpresa escondida pela mãe de Tiago. Circule-a.

▼ Qual era a surpresa?

UM LUGAR ESPECIAL

A ESCOLA É UM LUGAR PARA CONVIVER E APRENDER.

ESCOLA RURAL MUNICIPAL BELA VISTA, TOCANTINS (TO).

ESCOLA MUNICIPAL E ESTADUAL INDÍGENA, BERTIOGA (SP).

ESCOLA MUNICIPAL PROF. RAMEZ TEBET, TRÊS LAGOAS (MS).

COLÉGIO COSMOS, PAULÍNIA (SP).

ESTE ANO EU APRENDI...

▼ Como é sua escola?
▼ O que você mais gosta nela?
   Observe as imagens e acompanhe a leitura do professor. Depois, diga em voz alta em que lugar essas escolas estão localizadas.
▼ O que você já aprendeu na escola este ano?
   Escreva no quadro.

ESTA É A MINHA ESCOLA

NOME DA ESCOLA: _____

RUA/AVENIDA: _____ Nº _____

BAIRRO: _____

CIDADE: _____

▼ Em que lugar está a sua escola?
Preencha os dados dela e faça um desenho para representá-la.
▼ Sua escola é pública ou particular?
Em uma folha de papel à parte, descreva as características da sua escola.

AS DEPENDÊNCIAS DA ESCOLA

HORA DO RECREIO! LEVE LUCAS ATÉ O PÁTIO. MAS, ANTES, LEVE-O AO BANHEIRO, PARA LAVAR AS MÃOS, E DEPOIS À CANTINA, PARA TOMAR O LANCHE.

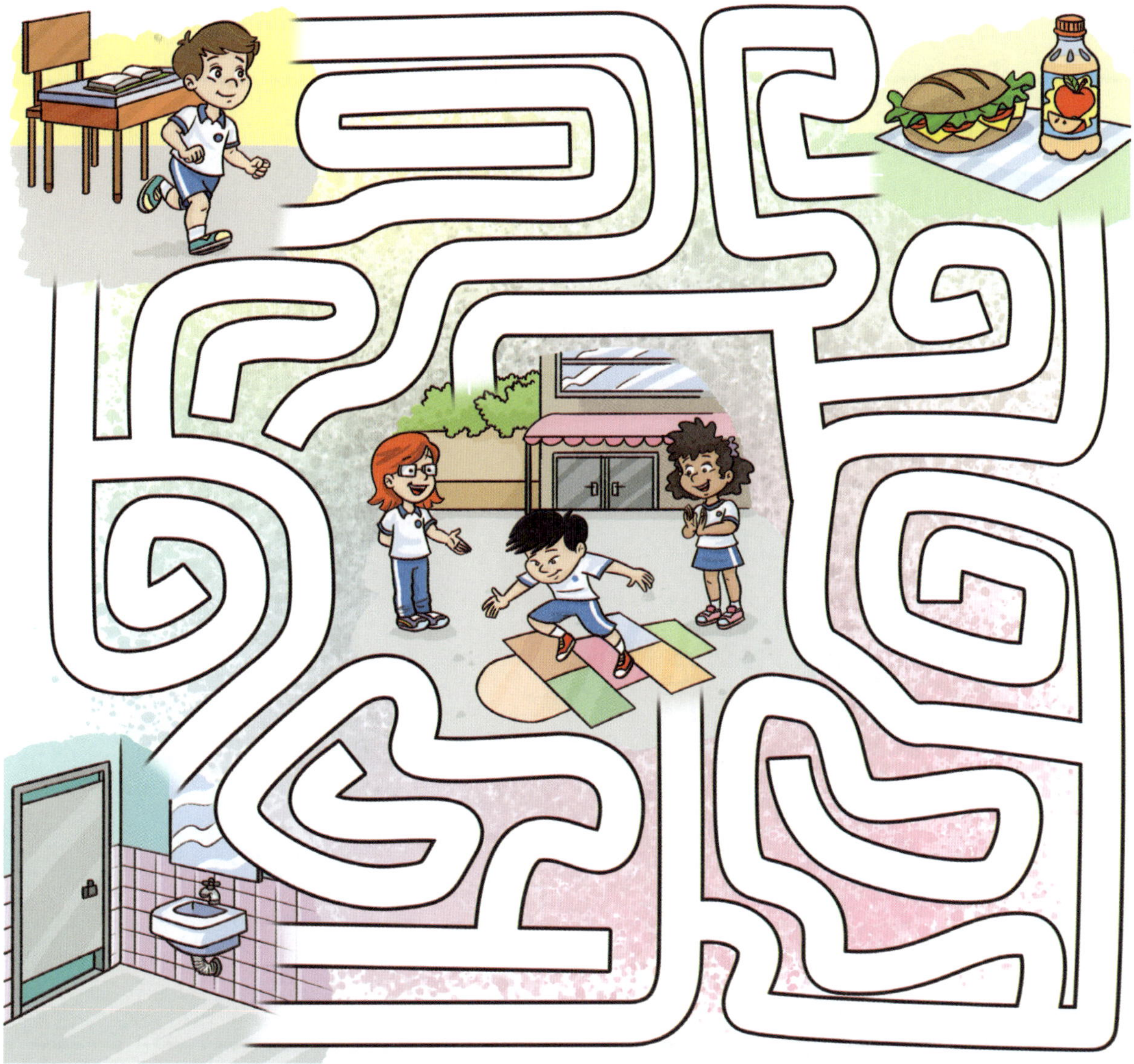

▼ Quais são os espaços da escola?

Diga o nome de quatro lugares da escola: onde você faz as atividades, onde você come o lanche, onde faz a higiene e onde brinca com os colegas.

Ouça a leitura do professor e leve Lucas até seus amigos.

MUITOS LUGARES DA MINHA ESCOLA

O ESPAÇO DA ESCOLA ESTÁ ORGANIZADO PARA FACILITAR O ACESSO E A CIRCULAÇÃO DE PESSOAS. DE ACORDO COM O TAMANHO DE CADA ESCOLA, ESSE ESPAÇO PODE SER ORGANIZADO DE DIFERENTES MANEIRAS.

▼ Na sua escola, onde você se encontra com os colegas para brincar?

Desenhe o caminho que você faz da sua sala até esse local. Coloque todos os lugares pelos quais você passa até chegar lá e escreva o nome deles.

Depois, apresente seu trabalho para os colegas e o professor.

TAREFA PARA CASA 10

COMO ESTÁ A SUA ESCOLA?

CUIDAR DA ESCOLA É RESPONSABILIDADE TODOS.

 BOM
 RUIM
 REGULAR
 NÃO TEM

ENTRADA	MINHA SALA	QUADRA	PARQUINHO
COZINHA	BANHEIROS	BIBLIOTECA	PÁTIO
CORREDOR	SALA DE INFORMÁTICA	BRINQUEDOTECA	REFEITÓRIO

▼ Sua escola está bem cuidada?
  Observe os espaços da escola e veja se estão bem cuidados. Depois, desenhe as carinhas de acordo com a legenda para classificar cada lugar.
▼ Como você pode ajudar a cuidar da escola?
  Converse com os colegas e o professor.

UM LUGAR DE BRINCAR E CONVIVER

ESPAÇO DE BRINCAR E APRENDER
SAUDADE GUARDAR
CONHECER NOVOS PROFESSORES
OS AMIGOS ENCONTRAR
LUGAR MÁGICO DE
AMIZADES, CONHECIMENTO E AMOR.

MATHEUS.

Ouça a leitura do professor e descubra o que o menino Matheus escreveu sobre a escola dele.

▼ O que você escreveria sobre sua escola?

Use a criatividade e invente com a turma um poema com a palavra **ESCOLA**. O professor o escreverá na lousa. Depois, copie-o no quadro acima.

SER CIDADÃO

MUNDO-PARAÍSO

IMAGINE UM RIO DE ÁGUAS CLARAS
MUITOS PEIXES A PULAR.
IMAGINE UM CÉU AZUL
E UM SOL SEMPRE A BRILHAR.
IMAGINE FLORESTAS VERDINHAS
E COM ÁRVORES A SOMBREAR.
IMAGINE UM MUNDO-PARAÍSO.
UM LUGAR LINDO PARA MORAR.
PARA ISSO É PRECISO
NÃO POLUIR AS ÁGUAS,
NÃO MALTRATAR OS ANIMAIS,
NÃO DESTRUIR AS FLORESTAS,
NÃO POLUIR O AR.
IMAGINE UM MUNDO-PARAÍSO
UM LUGAR LINDO DE MORAR.

TEXTO ESCRITO ESPECIALMENTE PARA ESTA OBRA.

Acompanhe a leitura do professor e, depois, faça um desenho para ilustrar o texto.

▼ Você consegue imaginar um mundo como o do poema?

Com os colegas, elabore um cartaz com ideias de como fazer do mundo um lugar melhor.

- Observando a ilustração, você consegue identificar os espaços que aparecem?
- Que espaços são esses? Identifique-os escrevendo nas etiquetas no final da página.
- O que acontece em cada um desses espaços? Converse com os colegas e o professor.

UM ESPAÇO CHAMADO RUA

▼ Para que serve o espaço da rua?
▼ Como é a rua da sua casa? Quem usa essa rua e que espaços existem nela?
▼ Há outras moradias, parques, praças, lojas, ginásios, bibliotecas, supermercados? E o que mais?

Desenhe a sua rua para mostrar o que existe nela. Depois, apresente o desenho a seus colegas e ao professor.

O MOVIMENTO DAS RUAS

QUEM VAI E VEM UM JEITO SEMPRE TEM

PARA IR À MINHA ESCOLA
USO ÔNIBUS ESCOLAR...
...O CARRO ME LEVA BEM RAPIDINHO
ME LEVA ONDE PRECISO FOR...

ELLEN PESTILI. **QUEM VAI E VEM UM JEITO SEMPRE TEM**. SÃO PAULO: EDITORA DO BRASIL, 2013. P. 7, 10.

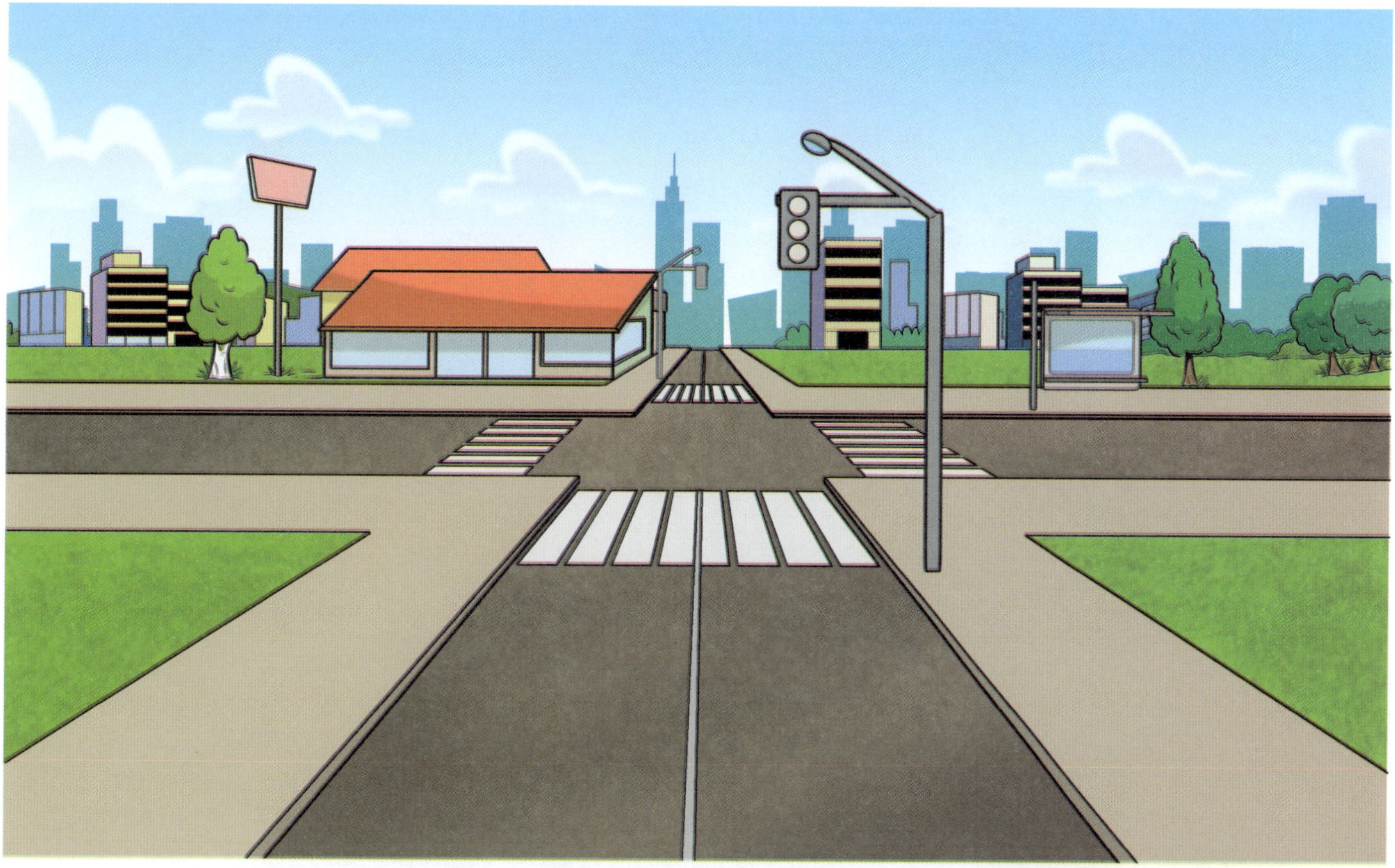

▼ Você sabia que a rua é um espaço de circulação?

▼ O que podemos ver circulando pelas ruas?
Ouça o texto que o professor irá ler e descubra alguns elementos que circulam pelas ruas.

Depois, observe a rua acima e complete-a recortando e colando figuras de revistas para mostrar o que circula pelas ruas.

▶ **CADA RUA TEM UM NOME**

_____

_____

_____

▼ Qual é o nome da rua de sua escola?
  Faça um passeio pelo quarteirão da escola e anote os nomes das ruas ao redor dela.
  Em sala, represente em um desenho sua escola e as ruas do entorno, escrevendo os nomes que anotou.
▼ Descobriu o nome da rua de sua escola?
  Escreva nas linhas acima.

UMA RUA DIFERENTE

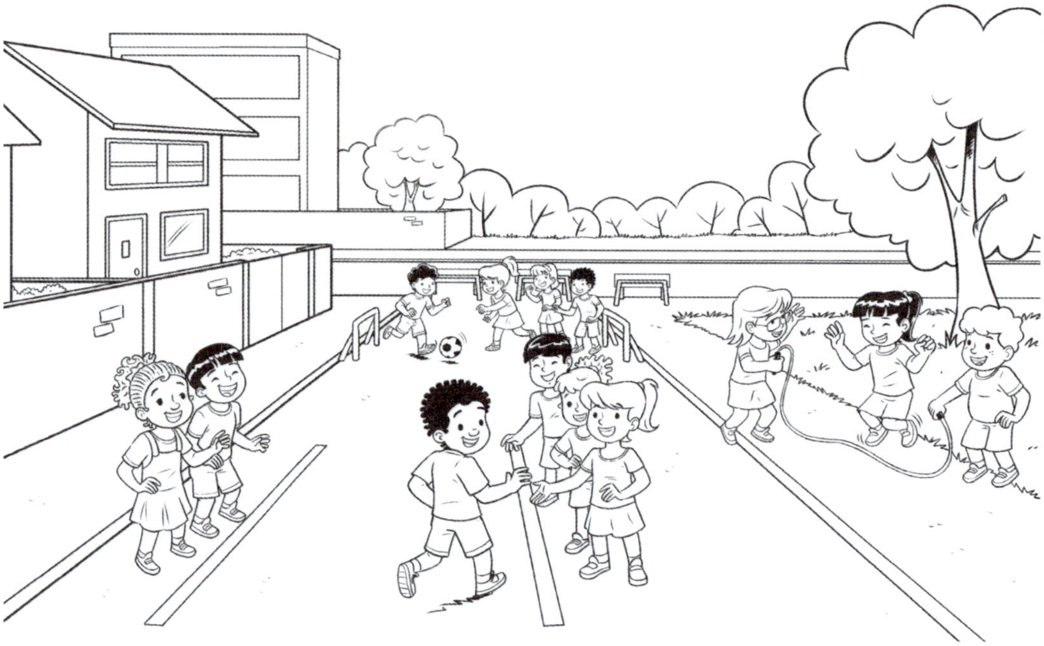

| @ | B | A | @ | R | R | A | @ | M | A | N | @ | T | E | I | @ | G | A | @ | @ |

| @ | @ | C | O | @ | R | @ | D | @ | A |

| @ | F | U | T | @ | E | @ | B | @ | O | @ | L |

_____

_____

_____

▼ Você gosta de brincar? Sabe que rua é essa?
  Esta é uma rua comum que nos finais de semana vira rua de lazer.
▼ Do que as crianças estão brincando?
  Descubra pintando os símbolos e copiando as letras nas linhas no final da página. Depois, pinte a ilustração.

SINALIZAÇÃO DO TRÂNSITO

AVISOS COLORIDOS SÃO SINAIS PARA OS CARROS E TAMBÉM PARA OS PEDESTRES.

A **LUZ VERDE** LIBERA OS CARROS PARA PASSAR – SIGNIFICA **SIGA**.

A **LUZ AMARELA** ORIENTA PARA QUE TODOS TENHAM **ATENÇÃO**.

A **LUZ VERMELHA** INDICA QUE TODOS DEVEM PARAR – SIGNIFICA **PARE**.

E OS PEDESTRES, COMO SABEM QUANDO PODEM SEGUIR PARA ATRAVESSAR UMA RUA? OBSERVE O SEMÁFORO PARA PEDESTRES E PINTE-O UTILIZANDO AS CORES INDICADAS.

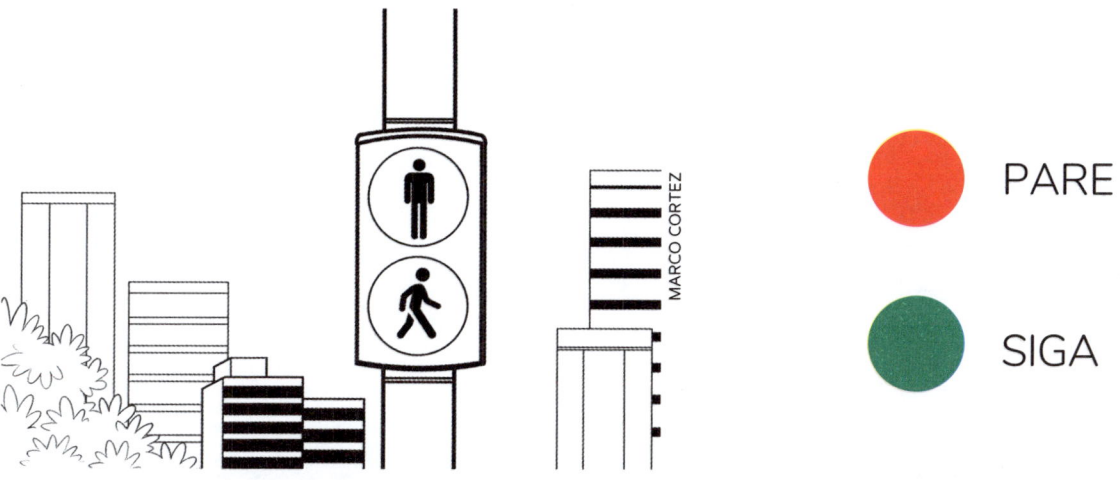

- ▼ Você sabe como se organiza o trânsito nas ruas?
- ▼ A circulação de pessoas e de carros normalmente é muito grande. Como podemos manter a ordem para que todos possam circular sem confusão e acidentes?

Complete a atividade pintando conforme as orientações e descubra algumas sinalizações do trânsito.

▶ OUTROS SINAIS

TRAVESSIA DE PEDESTRE

TRÂNSITO DE CICLISTAS

ÁREA ESCOLAR

▼ Você conhece outros sinais que nos ajudam a circular pelas ruas em segurança?

Observe as placas apresentadas, ouça a leitura do professor e ligue cada placa ao seu significado.

CIRCULANDO PELOS ESPAÇOS

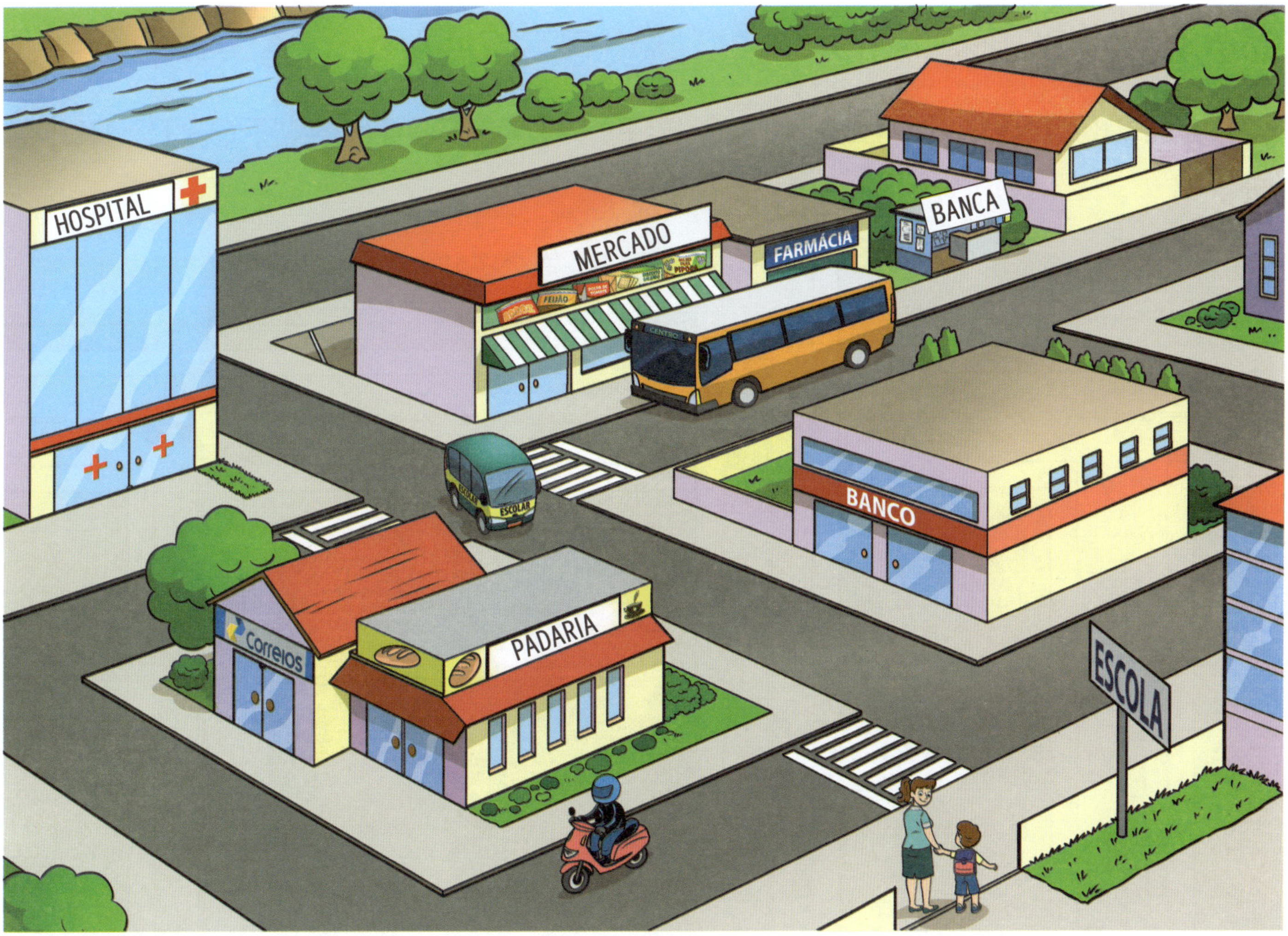

_____

_____

_____

▼ Além das ruas, que outros espaços existem?
   Observe a ilustração e identifique os espaços que utilizamos em nosso dia a dia. Escreva o nome de cada um que encontrar.
▼ Como você acha que o garoto chega à sua casa?
   Percorra o caminho com lápis de cor da escola até a casa amarela e circule os espaços pelos quais ele passa.

ESPAÇOS DE CIRCULAÇÃO

▪ ESPAÇOS DE CIRCULAÇÃO DAS PESSOAS: **CALÇADAS**.

▪ ESPAÇOS DE CIRCULAÇÃO DOS MEIOS DE TRANSPORTE: **RUAS**.

MARCO CORTEZ

▼ Nas ruas, em que lugares as pessoas devem circular? E os meios de transporte?

Observe a legenda e pinte os espaços corretamente.

O QUE PODEMOS VER

O LUGAR DE MORAR, VIVER, BRINCAR, APRENDER E CONVIVER É FORMADO POR DIFERENTES ELEMENTOS QUE COMPÕEM A PAISAGEM.

ILUSTRAÇÕES: FLIP ESTÚDIO

- Você sabe quais são os elementos que fazem parte da paisagem de sua moradia?
- E o que existe na paisagem dos diferentes espaços que você frequenta?

Observe as imagens e pinte os quadros que indicam elementos da paisagem de sua moradia ou dos lugares que você frequenta.

PARA CHEGAR EM MINHA CASA

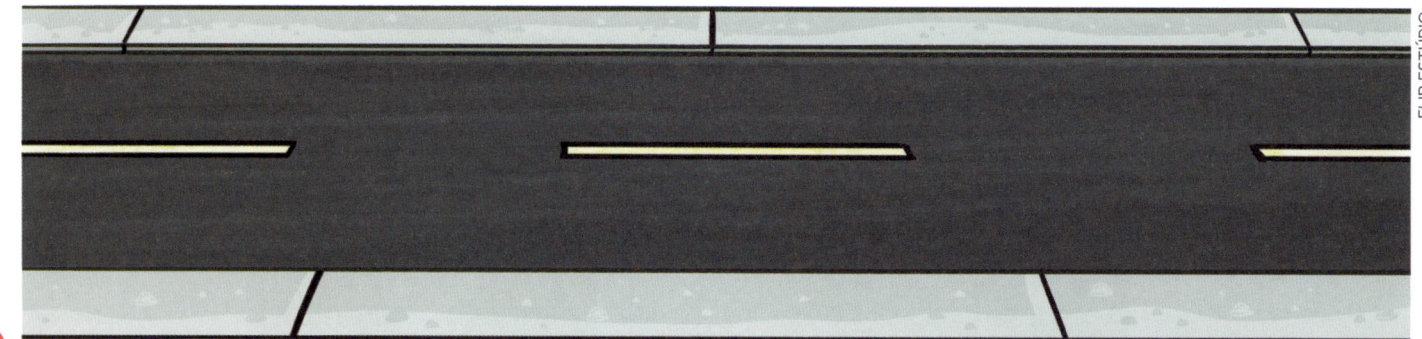

▼ Você sabe como as pessoas conseguem se localizar e encontrar endereços?

▼ Existe algum local que possa servir de referência para encontrar com mais facilidade a sua casa? O que você indicaria?

Pode ser uma padaria, uma escola, um restaurante, um posto de gasolina ou outro lugar. Desenhe a sua moradia na rua e, depois, o ponto que você indicaria como referência.

TRANSFORMAÇÕES QUE NOS AJUDAM

RUA XV DE NOVEMBRO, EM CURITIBA, 1935.

RUA XV DE NOVEMBRO, EM CURITIBA, 2011.

▼ Você sabia que muitas transformações feitas pelo homem nos ajudam a viver melhor?

▼ Observe as fotografias da mesma rua. O que foi feito nela? O que você vê de diferente? O que foi transformado?

Liste as transformações que você vê para que o professor registre na lousa. Depois, copie-as em uma folha à parte.

O TRABALHO TRANSFORMA

▼ Por que o trabalho transforma?
▼ Quem são os trabalhadores que podem transformar um espaço ou uma paisagem?

Destaque do encarte da página 181 as imagens dos profissionais e cole-as aqui. Converse a respeito deles com seu professor.

TRABALHADORES NAS RUAS

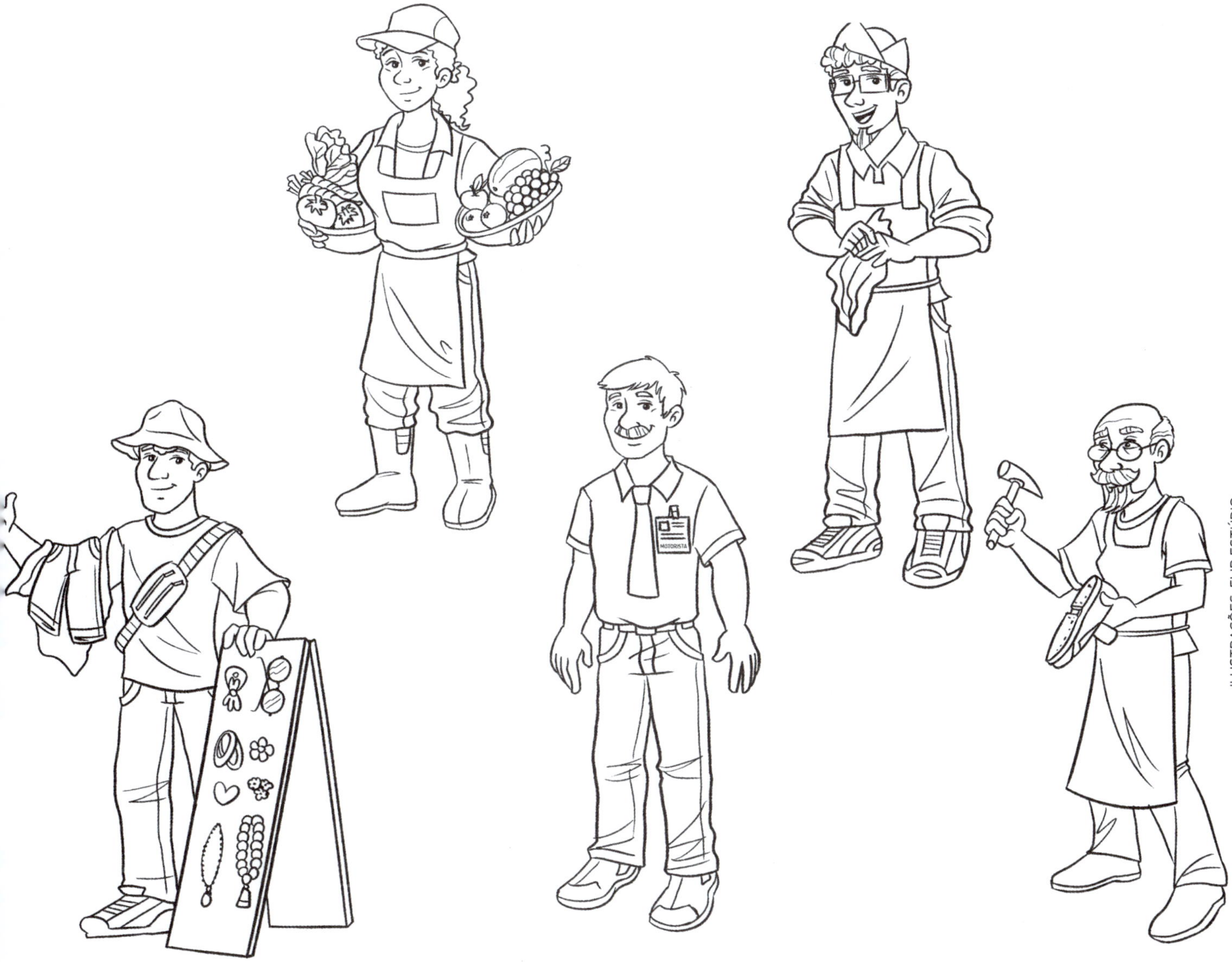

- ■ CAMELÔ
- ■ MOTORISTA
- ■ VENDEDOR
- ■ FEIRANTE
- ■ SAPATEIRO

▼ Que trabalhadores podemos encontrar nos diferentes espaços das ruas?

Observe as imagens e pinte-as de acordo com a legenda.

SER CIDADÃO

"AMIGOS DO BENEDITO DE LIMA" REALIZAM A TRANSFORMAÇÃO DO ESPAÇO PÚBLICO

UM DOMINGO (16) DE TRABALHO MUITO PRAZEROSO PARA OS JOVENS VOLUNTÁRIOS QUE ABRAÇARAM A PROPOSTA NO INTUITO DE RECUPERAR O COMPLEXO EDUCACIONAL, CULTURAL E ESPORTIVO (CECE) BENEDITO DE LIMA, NO BAIRRO DO RETIRO. [...]

UM CONVITE À POPULAÇÃO PARA QUE SE APROPRIE DOS ESPAÇOS PÚBLICOS COM RESPONSABILIDADE, FREQUENTE COM DISCIPLINA E RESPEITO, UMA VEZ QUE A ELES PERTENCE, É PARA QUE CRIANÇAS, JOVENS E ADULTOS POSSAM USUFRUIR DE MANEIRA SAUDÁVEL: QUEM CUIDA NÃO ESTRAGA. [...]

ASSESSORIA DE IMPRENSA PMJ. **PREFEITURA DE JUNDIAÍ**. PUBLICADO EM 10/12/2018. DISPONÍVEL EM: HTTPS://JUNDIAI.SP.GOV.BR/NOTICIAS/2018/12/16/AMIGOS-DO-BENEDITO-DE-LIMA-REALIZAM-A-TRANSFORMACAO-DO-ESPACO-PUBLICO/. ACESSO EM: 29 JUL. 2020.

▼ Você frequenta algum espaço público, como parque, praça ou ginásio?
▼ Como é a conservação desse espaço?
  Ouça a leitura do professor.
▼ Por que você acha que as pessoas tiveram de recuperar esse espaço?
▼ O que devemos fazer para preservar os espaços públicos?
  Desenhe em uma folha à parte uma ação que podemos ter para cuidar de um espaço público.

DIFERENTES PAISAGENS

GERALMENTE, NA PAISAGEM, ENCONTRAMOS DOIS TIPOS DE ELEMENTOS: OS QUE FORAM CRIADOS PELO HOMEM, CHAMADOS DE ELEMENTOS CULTURAIS, E OS QUE SÃO PARTE DA NATUREZA, SEM A INTERVENÇÃO HUMANA, CHAMADOS DE ELEMENTOS NATURAIS.

PAISAGENS COM ELEMENTOS CULTURAIS.

PAISAGENS COM ELEMENTOS NATURAIS.

▼ Você sabe quais elementos podemos encontrar em uma paisagem?

Ouça a leitura do professor. Depois, recorte de jornais e revistas figuras que representem os elementos culturais e naturais e componha a paisagem de acordo com a indicação.

TRABALHOS NA FAZENDA

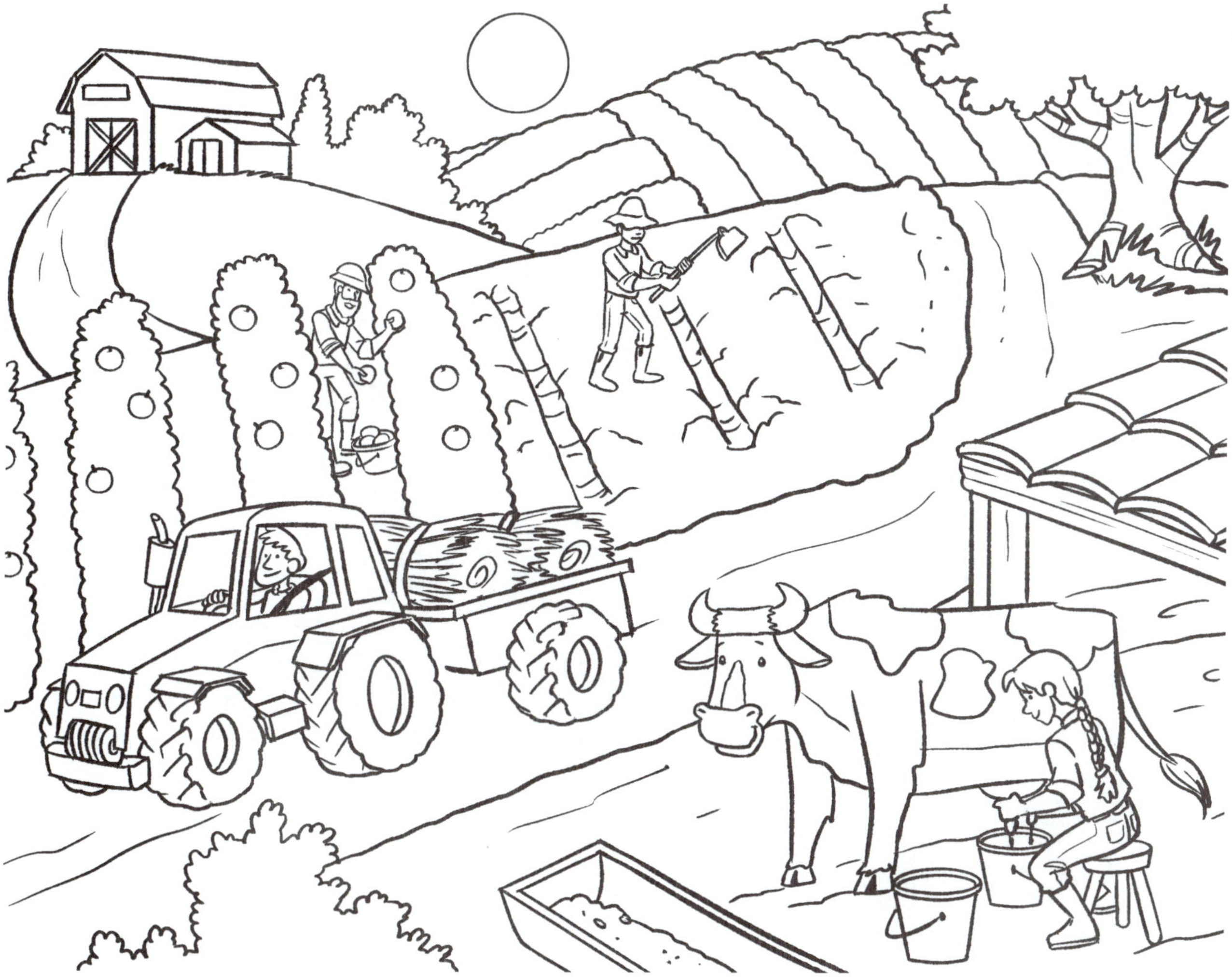

_____

_____

_____

▼ Quem trabalha no espaço rural?
  Pinte a cena e descubra alguns tipos de trabalho feitos na fazenda. Escreva-os como souber.

PESSOAS QUE TRABALHAM NA CIDADE

▼ Que tipo de trabalho é possível encontrar nas cidades?

Pesquise, recorte e cole imagens de pessoas que trabalham nas cidades.

▼ Quais trabalhos você encontrou?

▶ DATAS COMEMORATIVAS
DIA DAS MÃES

O DIA DAS MÃES É COMEMORADO NO SEGUNDO DOMINGO DE MAIO. NESSA DATA, HOMENAGEAMOS NOSSA MÃE OU A PESSOA QUE CUIDA DE NÓS COM MUITO AMOR.

ILUSTRAÇÕES: MARCOS MACHADO

VOCÊ VAI PRECISAR DE:

- 3 FORMINHAS DE DOCINHOS;
- 3 PALITOS DE SORVETE;
- 1 COPO PLÁSTICO DE CAFÉ;
- PEDAÇOS DE PAPEL CREPOM DE CORES VARIADAS;
- UM PUNHADO DE AREIA.

COMO FAZER

1. AMASSE PEDAÇOS DE PAPEL CREPOM E FAÇA BOLINHAS.
2. COLE UMA BOLINHA NO CENTRO DE CADA FORMINHA ABERTA. ESPERE SECAR.
3. COLE CADA FORMINHA EM UM PALITO DE SORVETE. COLOQUE AREIA NO COPINHO E FIRME OS PALITOS.

> COM MINHA MÃE EU GOSTO DE FAZER...

▼ Como você gosta de comemorar o Dia das Mães?

Siga as orientações do professor e prepare um vasinho de flores para presentear sua mãe ou quem cuida de você. Depois, em uma folha à parte, faça uma lista de coisas que você gosta de fazer na companhia dela e entregue junto com o vasinho.

Aproveite o dia junto com sua mãe fazendo algo dessa lista.

DIA DOS PAIS

O DIA DOS PAIS É COMEMORADO NO SEGUNDO DOMINGO DE AGOSTO. NESSA DATA, HOMENAGEAMOS NOSSO PAI OU A PESSOA QUE CUIDA DE NÓS DEMONSTRANDO A ELE TODA NOSSA ADMIRAÇÃO.

▼ Como você costuma comemorar o Dia dos Pais?
Faça um desenho representando o que seu pai ou quem cuida de você gosta de fazer ou comer.

DIA DA CRIANÇA

O DIA DA CRIANÇA É UM DIA DE FESTA E BRINCADEIRAS NO QUAL CELEBRAMOS A INFÂNCIA DE TODAS AS CRIANÇAS DO MUNDO. NEM TODOS OS LUGARES COMEMORAM ESSA DATA EM 12 DE OUTUBRO, MAS O QUE IMPORTA É QUE AS CRIANÇAS SÃO LEMBRADAS E VALORIZADAS NO SEU DIREITO DE BRINCAR.

MARCO CORTEZ

_____

_____

_____

▼ Como você gosta de comemorar o Dia da Criança?

Identifique nas cenas as diferentes brincadeiras. Depois escreva, com a ajuda do professor, o nome de cada uma delas. Escolha uma e brinque com os colegas. Aproveite, divirta-se muito! Um dia só é pouco para comemorar a magia de ser criança!

NATAL

NO DIA 25 DE DEZEMBRO, OS CRISTÃOS COMEMORAM UM DIA MUITO IMPORTANTE.

OBSERVE ESTES SÍMBOLOS E VEJA SE DESCOBRE QUE DIA É ESSE.

ILUSTRAÇÕES: MARCOS MACHADO

▼ Qual festa é representada por esses símbolos?
Pinte as bolinhas que apresentam as letras que formam o nome dessa festa. Depois, copie a palavra no espaço.
▼ Como você e sua família comemoram o Natal?

TAREFA PARA CASA 1

UM CARDÁPIO SAUDÁVEL

▼ Depois de aprender sobre os grupos de alimentos, você já sabe como ter uma alimentação mais saudável?

Recorte de jornais, revistas e folhetos imagens de alimentos e cole-as na página para montar um cardápio saudável.

▼ Que imagens você colou?

▼ Você consome esses alimentos no dia a dia?

TAREFA PARA CASA 2

UMA ÁRVORE E SUAS PARTES

▼ Vamos montar uma árvore e mostrar as partes dela?

Com a ajuda de um adulto, separe diferentes materiais: raspas de lápis para fazer o tronco, barbante para fazer as raízes, palitos para formar os galhos, folhas de árvore, lantejoulas e papel crepom para as flores e os frutos. Depois, faça uma colagem para montar a árvore na página.

De volta à escola, mostre seu trabalho aos colegas e exponha-o em um mural.

TAREFA PARA CASA 3

ELEMENTOS NÃO VIVOS DA NATUREZA

▼ Você sabe o que são elementos não vivos?
Recorte e cole a figura de uma paisagem. Depois, circule os elementos não vivos e escreva o nome deles.

TAREFA PARA CASA 4

AJUDANDO A NATUREZA

▼ Que outras ações podem ajudar no cuidado com a natureza?
Pense em uma ação e represente-a com um desenho. Depois, escreva o que desenhou.

TAREFA PARA CASA 5

MOMENTO IMPORTANTE DA MINHA HISTÓRIA

OS DADOS PESSOAIS SÃO IMPORTANTES NA HISTÓRIA DE VIDA DE UMA PESSOA.

NOME: _____

SOBRENOME: _____

EU NASCI NO DIA _____, NO MÊS DE _____, DO ANO DE _____, ÀS _____ HORAS E _____ MINUTOS, NA CIDADE DE _____.

▼ Você já viu sua Certidão de Nascimento?
Com a ajuda de um familiar ou de quem cuida de você, consulte sua Certidão de Nascimento e complete a ficha com as informações sobre seu nascimento.
▼ Você nasceu de dia ou de noite?

TAREFA PARA CASA 6

AS CASAS SÃO DIFERENTES

As casas não são todas iguais, e mudaram bastante com o passar do tempo.

Recorte de revistas imagens de dois tipos de casas e cole-as no quadro. Em seguida, escreva como souber as diferenças entre elas.

De volta à escola, apresente seu trabalho para a turma e conte o que você descobriu.

TAREFA PARA CASA 7

PESQUISA EM FAMÍLIA

NOME DO OBJETO: _____

ANO EM QUE FOI PRODUZIDO: _____

MATERIAL DE QUE É FEITO: _____

COMO É UTILIZADO: _____

▼ Você já viu um objeto antigo?

Converse com um familiar e peça a ele que mostre um objeto antigo. Desenhe-o e complete as informações sobre esse objeto no livro.

De volta à escola, mostre seu trabalho aos colegas e ao professor.

TAREFA PARA CASA 8

QUANTAS PROFISSÕES!

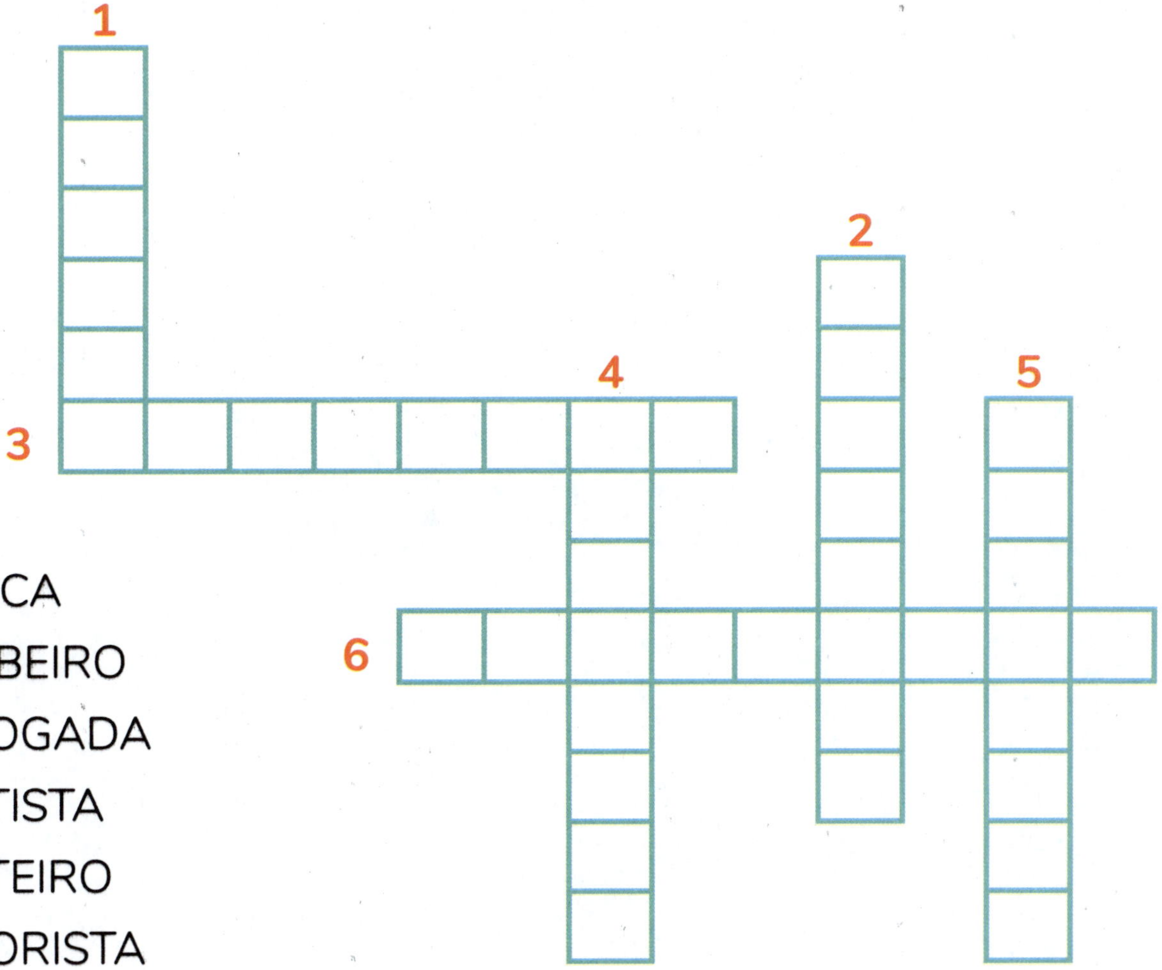

1. MÉDICA
2. BOMBEIRO
3. ADVOGADA
4. DENTISTA
5. CARTEIRO
6. MOTORISTA

▼ Você conhece outras profissões?
Leia o nome das profissões e complete o diagrama de palavras.
Depois, escreva o nome da profissão de seus pais ou de quem cuida de você.

TAREFA PARA CASA 9

O QUE TEM NESTA CASINHA?

A) QUAL É A VISÃO QUE TEMOS DA CASA?

☐ FRONTAL.

☐ VERTICAL.

☐ LATERAL.

B) QUANTOS CÔMODOS ELA TEM? _____

C) ESCREVA O NOME DE QUATRO MÓVEIS QUE HÁ NA CASA.

_____

D) OS MÓVEIS ESTÃO EM TAMANHO REAL? OU FORAM REDUZIDOS?

_____

Essa é a casinha de boneca de Juliana. Observe a imagem e responda às perguntas.

TAREFA PARA CASA 10

OBSERVANDO CAMINHOS

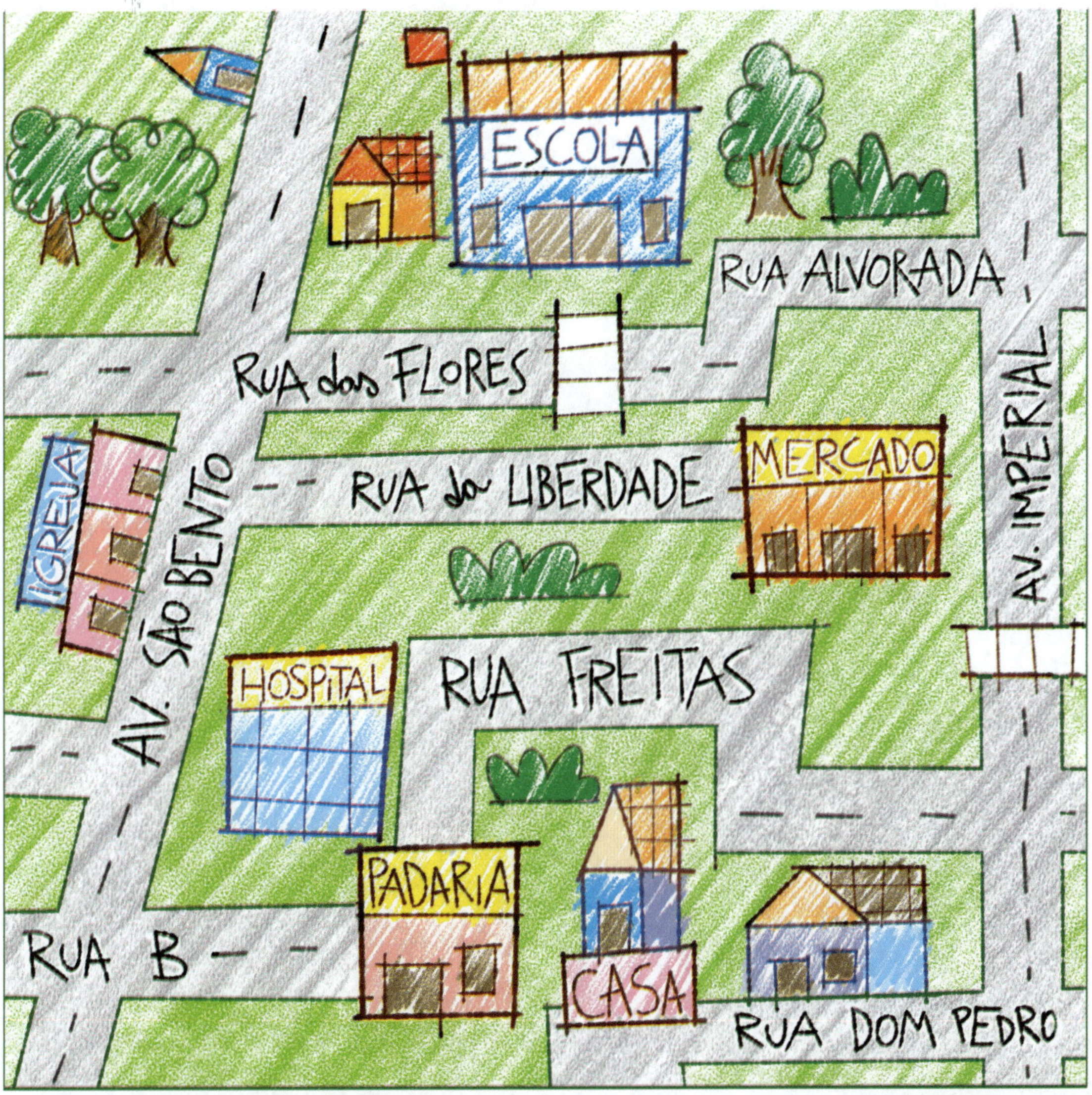

Observe o mapa que Matheus desenhou para ensinar o caminho da escola até a casa dele.

Circule no mapa onde fica a casa de Matheus.

Depois, desenhe um mapa mostrando o caminho que você faz da sua casa até a escola. Na sala, mostre seu mapa aos colegas.

TAREFA PARA CASA 11

A SINALIZAÇÃO

▼ Você conhece outras placas de trânsito?
Pesquise duas novas placas de trânsito e cole-as ou desenhe-as no quadro. Depois, escreva o que cada uma significa.

TAREFA PARA CASA 12

UM PROFISSIONAL ESPECIAL

▼ Quais profissões você já conhece?

Escolha um profissional que considere especial, represente-o com um desenho e depois escreva o nome da profissão dele. Prepare-se para falar sobre ele.

▶ ENCARTE DE ADESIVOS

PÁGINAS 6 E 7

ILUSTRAÇÕES: DAYANE CABRAL RAVEN

PÁGINAS 32 E 33

ILUSTRAÇÕES: DAYANE CABRAL RAVEN

PÁGINA 142

OBREIRO.

BOIA-FRIA.

PEDREIRO.

PINTOR.

BOMBEIRA.

GARI.

ENCARTE DE PICOTES

PÁGINA 17

ILUSTRAÇÕES: HENRIQUE BRUM

PÁGINA 76

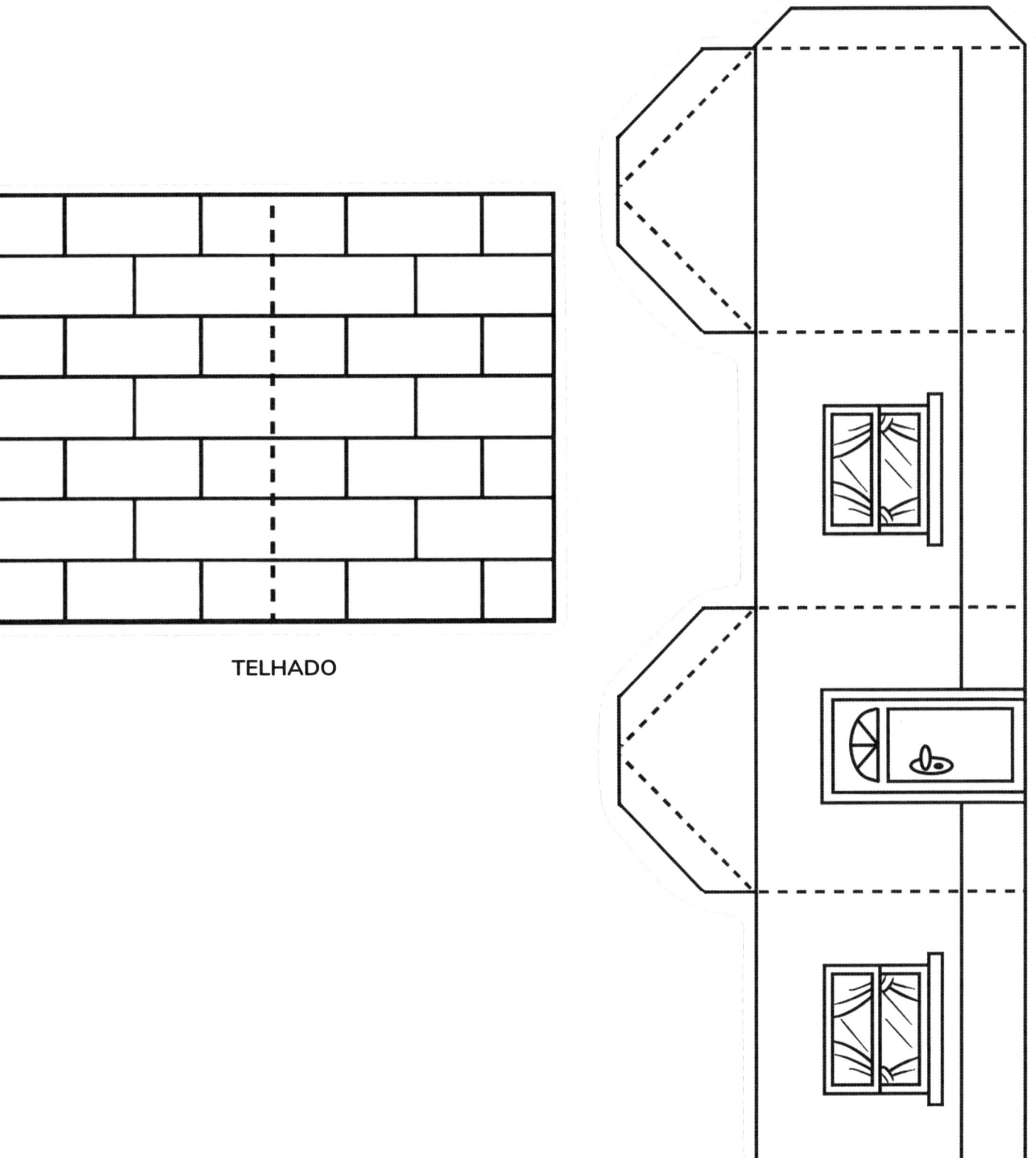

TELHADO

PÁGINA 117

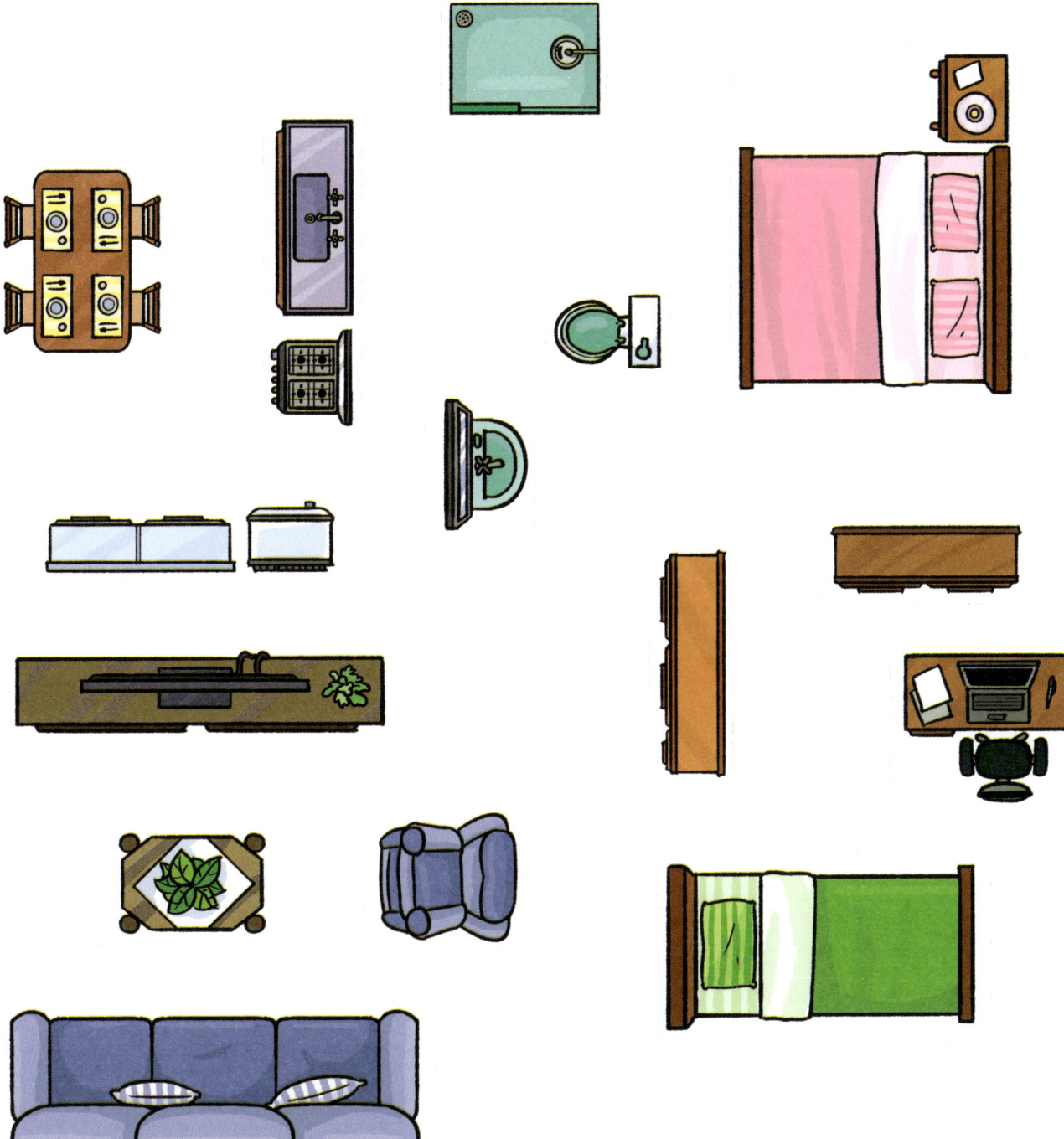